Doron Schneider
ISRAEL
Mehr als Kibbuz und Orangen

Doron Schneider

ISRAEL

Mehr als Kibbuz und Orangen

SCM Hänssler

SCM

Stiftung Christliche Medien

Dieses Werk einschließlich aller seiner Teile ist urheberrechtlich geschützt. Jede Verwendung außerhalb der engen Grenzen des Urheberrechtsgesetzes ist ohne vorherige schriftliche Einwilligung des Verlages unzulässig und strafbar. Das gilt insbesondere für Vervielfältigungen, Übersetzungen und die Einspeicherung und Verarbeitung in elektronischen Systemen.

1. Auflage 2011

© der deutschen Ausgabe 2011
SCM Hänssler im SCM-Verlag GmbH & Co. KG · 71088 Holzgerlingen
Internet: www.scm-haenssler.de; E-Mail: info@scm-haenssler.de

Soweit nicht anders angegeben, sind die Bibelverse folgender Ausgabe entnommen:
Neues Leben. Die Bibel, © der deutschen Ausgabe 2002 und 2006
SCM R.Brockhaus im SCM-Verlag GmbH & Co. KG, Witten.
Weiter wurden verwendet:
Bibeltext der Schlachter Bibelübersetzung. Copyright © 2000 Genfer Bibelgesellschaft. Wiedergegeben mit der freundlichen Genehmigung. Alle Rechte vorbehalten.

Umschlaggestaltung: Jens Vogelsang, Aachen
Titelbild: istockphoto.com; israelimages.com
Satz: typoscript GmbH, Walddorfhäslach
Druck und Bindung: CPI – Ebner & Spiegel, Ulm
Gedruckt in Deutschland
ISBN 978-3-7751-5338-6
Bestell-Nr. 395.338

Inhalt

Vorwort von Christian Stephan 7
Vorwort des Autors 8

I. Israel live 11
  1. Gefährliche Entdeckung 11
  2. Bevor wir israelische Produkte boykottieren 16
  3. Asterix und Obelix gegen die Philister 26
  4. Auf einmal stand ein Kamel vor uns 31

II. Leben im Kriegszustand 41
  5. Wer nicht an Wunder glaubt, ist kein Realist 41
  6. Mit Mercedes und leerem Portemonnaie
     nach Israel 49
  7. Ein Finger auf der Straße 52
  8. Der Terrorist mit dem Baby 55
  9. Das Geheimnis auf dem Schiff 61
  10. Überraschungsplan 67
  11. Auf der Suche nach dem gefallenen Piloten 72
  12. Im Gefängnis mit dem »Grünen Prinzen«
     (Sohn der Hamas) 78
  13. Warum hat Israel Feinde? 85
  14. Das große Glück der Palästinenser 91
  15. Purim, Haman und Amalek 100
  16. Siedlungen oder Frieden? 103
  17. Die Raubvögel 109
  18. Israels Erbschaft für eine Linsensuppe 115

III. Als messianischer Jude in Israel 125
  19. Hochzeitsreise und Saudis 125
  20. Schabbat oder Sonntag? 131

21. Eine Bibelschule im Gefängnis 135
22. Als Christ zwischen orthodoxen und
    säkularen Juden 143
23. Liebet eure Feinde! Auch die Araber? 149
24. Juden, Christen und Araber fröhlich in
    einem Haus 155
25. Messianische Gemeinde und Vision 159

IV. Unser Messias 169
26. Vom Feigling zum Prediger 169
27. Die größte Ironie aller Zeiten 173
28. Tröster Israels – Wegbereiter für Jesus 184
29. Israels Verheißungen haben Bedingungen 190
30. Anti-Israelismus und die Endzeit 196
31. Jesus – Anfang und Vollendung 201
Schlusswort 211

Anhang 215

Vorwort von Christian Stephan

Wenn ich immer und immer wieder die so interessanten Ausführungen lese, muss ich feststellen, dass Doron Schneider mit einer einzigartigen Erzählergabe ausgestattet ist. Er nimmt den Leser stets mit hinein in seine Erlebnisse und fundierten Gedankengänge. Die Liebe zum Volk und Land Israel wird bei den Lesern neu geweckt und vertieft. Fast zwanzig Jahre waren meine Frau Joliene und ich im Einsatz, um den Dienst der Christlichen Botschaft im deutschsprachigen Raum Mitteleuropas aufzubauen und vorzustellen. Sehr dankbar war ich, dass der Gott Abrahams, Isaaks und Jakobs mir dann im Jahr 2001 aus Altersgründen einen jüngeren Nachfolger in den Weg führte, dem ich die leitende Verantwortung des Botschaftsdienstes übergeben durfte.

Der Vater unseres Herrn Jesus Christus ist treu: Er brachte gerade zu dem Zeitpunkt auch den erfahrenen Journalisten Doron Schneider, einen an den Herrn Jesus gebundenen Juden, zur Mitarbeit an die Internationale Christliche Botschaft in Jerusalem. Doron Schneider spricht fließend Deutsch und lebt mit seiner Familie in Israel, in Ma'ale Adumim bei Jerusalem. Da Doron als begabter Redner und Vortragsreferent bald auch einen Dienst in Deutschland übernahm, ergab es sich, dass ich ihm anbot, seine Vortragsreisen vorzubereiten. So entwickelte sich durch mehrere Jahre ein segensreicher Besuchsdienst in vielen Gemeinden. Aus der großen Fülle seiner Erfahrungen hat Doron Schneider als messianischer Jude in Betrachtungen, Berichten, Erlebnissen und Erzählungen schriftlich festgehalten, was in dem vorliegenden Buch zusammengestellt wurde.

So freue ich mich mit allen Lesern, die sich den Darlegungen dieses Buches von Doron innerlich öffnen. Es ist ein Segen für Israel.

Christian Stephan, Ehrenvorsitzender des Deutschen Zweiges e. V. der Internationalen Christlichen Botschaft Jerusalem

Vorwort des Autors

In diesem Buch versuche ich, die Vielfältigkeit des Landes und Volkes Israel darzustellen; die verborgenen Schätze und Segensspuren. So wie viele Menschen meinen, in Amerika isst man nur »Junkfood« und in der Schweiz gibt es nur Schokolade und Käse, meinen immer noch einige, dass in Israel nur Orangen wachsen. Die anderen meinen, in Israel gäbe es nur Krieg und Terror. Israel hat viel mehr zu bieten, als man ahnt. Aus diesem kleinen Land im Nahen Osten und aus diesem von Gott genannten »Würmlein Jakob« stammen prozentual die meisten Nobelpreisträger und Wissenschaftler; hier wurden die wichtigsten Techniken für die Medizin entwickelt, ebenso wie Medikamente, die man in allen Apotheken der Welt kaufen kann. Das erste Mobiltelefon stammt aus Israel, der »DiskOnKey« und noch vieles mehr. Warum, was ist so besonders an den Israelis? Israel erreichte all dies trotz ständiger Überlebenskriege, Terror, großer Einwanderungswellen und weltlicher Boykotts.

Gott will die Welt durch Israel segnen, aber die Welt will Israel loswerden. Warum?

Was wir bis heute von Israel Positives empfangen haben, ist nur ein Bruchteil von dem, was noch vor uns steht. Dazu kommt noch das Wichtigste; der geistliche Segen für die Welt, wenn Israel Jesus als seinen Messias anerkennen wird.

In Israel sind so viele Schätze verborgen, die wir nicht sehen können. Unsere Vorurteile und die Berichterstattung in den Medien hindern uns daran. Deshalb lade ich Sie ein, mit mir tief in das Land und Volk hineinzutauchen und gemeinsam verborgene Schätze auf dem Meeresboden zu finden. Diese Schätze kann man nicht oben vom Schiff aus sehen, dazu muss man ins tiefe Meer tauchen.

Ich möchte Sie aber auch als Israelfreund gewinnen, ohne dass Sie deswegen ein Araberfeind werden. Das wird bei den Israelfreunden sehr oft falsch verstanden. Ein Israelfreund muss nicht automatisch gegen die Araber sein. Nein und nochmals Nein! So zu denken ist nicht richtig, nicht christlich und auch nicht biblisch, denn Gott hat auch einen wunderbaren Heilsplan für die Araber. Er hat sie genauso lieb wie die Juden.

Für manchen Leser, für den das Thema Israel noch neu ist, könnte ich vielleicht etwas einseitig klingen, weil ich als Israeli und Jude mein Volk und mein Land repräsentiere. Das mag sein, aber ich habe nicht die geringste Absicht, jemanden gegen die Araber aufzuhetzen. Die Medien schildern uns ein schwarz-weißes Bild von den Juden und Arabern, sodass man meinen könnte, wir bekämpfen uns ständig. Das entspricht nicht der alltäglichen Realität. Die Natur der Medien ist es, ständig das Negative zu berichten.

Um dagegen anzutreten, muss ich die Tatsachen so beschreiben, wie sie sind, und sie beim Namen nennen. Jede diplomatische Umschreibung oder »Verschönerung« würde wie eine Ondeto[1] gegenüber einer großen Welle wirken.

Ziehen Sie sich den Taucheranzug an und tauchen Sie mit mir in das Land ein, von dem man fast jeden Tag etwas in den Medien hört oder liest!

I. Israel live

1. Gefährliche Entdeckung

Es war kurz vor Mitternacht, als ein alter Freund mich aus dem Bett klingelte. Er kam für zwei Wochen aus Frankreich zu Besuch. Voller Energie schaffte er es, mich mit seiner Abenteuerlust anzustecken. Er wollte irgendetwas Verrücktes unternehmen. Dazu brauchte ich noch nie eine Sondereinladung. Ich war gerade frisch verheiratet. Meine Frau Ziona hatte das Klingeln nicht gehört und bemerkte deswegen nicht, wie wir uns mit Taschenlampen und Fackeln leise aus dem Haus schlichen. Wir fuhren zu einem Ort in der Wüste Juda bei Ma'ale Adumim auf der Strecke zwischen Jerusalem und Jericho. Dort lagen die Ruinen eines byzantinischen Klosters aus dem 4.–5. Jahrhundert. Ich wollte früher immer Archäologe werden und interessierte mich deshalb für solche Ausgrabungsstätten. Umso mehr wuchs mein Interesse, wenn die Ausgrabungen, wie in diesem Fall, gerade erst begonnen hatten.

Langsam bogen wir in den holprigen Sandweg ein, welcher von der Hauptstraße zum Kloster führte. Es war mittlerweile ein Uhr nachts und alles war stockfinster, als ich die Scheinwerfer ausschaltete. Das Mondlicht reichte nicht aus, so mussten die Taschenlampen her. Ich hatte diesen Ort schon früher einmal besucht, daher kannte ich mich ein wenig aus. Ich erinnerte mich an eine schmale antike Treppe, die nach unten zu einem geheimnisvollen zugeschütteten Raum führte. Ich hoffte, dass dieser unterirdische Raum mittlerweile schon ausgegraben war. Auf dem Weg dorthin gingen wir durch eine größere Halle mit einem gewölbten Dach hindurch. Dafür mussten wir die Fackeln anzünden, weil die Taschenlampen nicht ausreichten. So liefen wir beide, jeder eine Fackel in der Hand, durch diesen langen Raum, der wahrscheinlich als Versammlungsraum oder Esszimmer der Mönche gedient hatte. Mit einem Mal hörten wir vom anderen Ende her ein lautes Geschrei und unbekannte Geräusche. Uns blieb vor lauter Schreck fast das Herz stehen. Ich versteckte mich hinter einer Säule und mein Freund Philippe legte sich flach auf den Boden. Es waren Ziegen und Schafe, die wir aufgeweckt hatten, und das Geschrei kam von ihrem Hirten. Damals kannte ich die dort wohnenden Beduinen noch nicht so gut wie heute und hatte deshalb Schwierigkeiten, den Mann zu beruhigen. Er schimpfte uns auf Arabisch aus. Wir schimpften auf Hebräisch zurück und vermittelten ihm das Gefühl, als wären wir hier für die Sicherheit zuständig. Es blieb uns nichts anderes übrig, wir mussten durch dieses Esszimmer, das jetzt das Schlafzimmer für die Ziegen war. Wir versprachen dem Hirten, dass wir ihn nicht wieder stören würden, und setzten unsere Suche nach dem geheimnisvollen Raum fort. Es war nicht einfach, sich inmitten der Ruinen der Klosterzimmer zurechtzufinden.

Da war auch schon die Treppe, direkt vor uns. Nichts hatte sich verändert seit meinem letzten Besuch. Zu unserer großen Freude war der Raum unten, wie ich gehofft hatte, nicht mehr zugeschüttet. Leise schlichen wir die ungerade 1 600 Jahre alte Treppe hinunter. Wir wollten nicht noch mal von einem Beduinen erschreckt werden.

Es gab nur einen Eingang in diesen Raum, aber weitere schmale Durchgänge in andere Nebenkammern. Der Boden war mit Grabsteinen gepflastert, worunter die verstorbenen Mönche lagen. Einige der Grabsteine waren zerbrochen und so konnte man die Skelette in den Grüften sehen. Wir versuchten, die noch verschlossenen Gräber zu öffnen. Dann überlegten wir, dass das vielleicht doch nicht so eine gute Idee war. Immerhin waren wir ja keine Grabdiebe, sondern nur zwei verrückte Abenteurer. Wir wollten unbedingt durch den schmalen Gang kriechen, um den Nebenraum auszuforschen. Dann bekamen wir Angst vor den Schlangen, die sich vielleicht dort häuslich niedergelassen hatten. Wir entschlossen uns, eine der Fackeln zu opfern und sie durch diesen Gang bis mitten hinein in den finsteren Raum zu werfen, um abzuwarten, was passieren würde. Wenn dort Schlangen wären, würden wir das Rascheln und Zischen hören. In dieser Umgebung gibt es einige giftige Schlangen, darunter die bekannte En-Gedi-Erdviper. So eine ist mir schon einmal begegnet. Diese schwarze und relativ kleine Schlange mit einer Körperlänge zwischen 30 und 100 cm ist sehr gefährlich. Wir warteten ein paar Minuten ab, die wir auch brauchten, um unsere Angst zu überwinden. Dann legten wir uns auf den Boden und krochen hinein. Mit den Fackeln untersuchten wir zuerst alle Ecken und Löcher auf gefährliche Tiere, und dann entdeckten wir ein weiteres Grab. Diesmal befand sich in dem ganzen Raum nur ein einziges abgedecktes Grab. Ich strich den Sand von der Steinplatte und versuchte, die griechischen Buchstaben zu entziffern. Es war tatsächlich das Grab des »Heiligen Euthymius des Großen«. Mehr wusste ich damals nicht über diesen Mönch, aber später erfuhr ich, was für ein interessanter Mann dieser Euthymius eigentlich gewesen war.

»Euthymios der Große« war Mönchsvater und wurde 377 in Melitene in Armenien geboren. Er starb 473 in der Wüste Juda. In den Jahren 405–406 kam er nach Jerusalem, nachdem er sich zuvor in der Laura des Heiligen Chariton bei Pharan niedergelassen hatte. Im Jahre 411 gründete er mit Theoktistos Hegumenos eine neue Laura im Wadi Dabor zwischen Jerusalem und Jericho. Hierauf verbrachte er sein Leben als Einsiedler und geistlicher Lehrer in der Nähe der Gemeinschaft, die von Theoktistos geleitet wurde. Dort entstand eine neue Laura, die nach ihm genannt wurde. Ihre Kirche wurde 428 geweiht. Viele von seinen Schülern wurden später Bischöfe, Klostergründer und geistliche Lehrer. Einer von ihnen der berühmte Heilige Sabas. Nach dem Tode des Euthymios wurde die Laura, die nach ihm benannt worden war, zu einem Koinobion umgeformt. Er galt damals als großer Missionar unter den Beduinen und Juden in der Wüste Juda. So lautet eine Tradition: Seine Tugendhaftigkeit war so groß, dass er die Sarazenen von einem Tag zum anderen dazu brachte, Christen zu werden und sofort die Taufe zu empfangen. Von den Historikern wird sein Anteil hervorgehoben an der Christianisierung der arabischen Nomaden.[2]

Über seiner Grabstelle im Kloster war eine hohe, gewölbte Decke mit einer Art Trichter, der sich genau über dem Grab des Euthymius befand. Später erfuhr ich, dass die dort lebenden Mönche nach seinem Tod mit heiligem Öl von Euthymius ihren Lebensunterhalt verdienten. Das Öl wurde von oben auf seine Totengebeine gegossen und nach einer Weile aus der Grabkammer herausgeholt, nachdem es mit seinem Leichnam in Berührung gekommen war.

Wir merkten, wie uns langsam in dem kleinen unterirdischen Raum der Sauerstoff ausging, was uns – neben der späten Uhrzeit – drängte, den Ort zu verlassen. Vorsichtig krochen wir wieder heraus, und mit einem letzten Blick auf die Grabsteine des vorderen Raumes wollten wir gerade wieder durch den Schacht hindurch, der uns zur Treppe führte, als wir plötzlich Geräusche hörten. Draußen waren aufgeregte Stimmen zu hören; sie sprachen Arabisch. Wir schauten uns im Licht der Fackeln an, und ohne ein Wort zu wechseln, traten wir gleichzeitig das Feuer mit den Füßen aus. Sie hatten uns noch nicht entdeckt. Der eine Hirte hatte bestimmt Verstärkung gerufen, die uns jetzt auf den Fersen war.

Ich dachte, unser Abenteuer war beendet, aber es schien, als würde es gerade erst beginnen. Jetzt mussten wir nur noch schnell und unauffällig zum Auto, das glücklicherweise etwas entfernt hinter einem Hügel stand. Als wir keinen kräftigen Stock als Waffe fanden, nahm jeder von uns einen faustgroßen Stein in die Hand. Dann schlichen wir leise die Treppe hinauf. Die Stimmen klangen jetzt weiter entfernt, und so konnten wir bis zur nächsten Ruinenmauer rennen und dann zur nächsten. Es war stockduster. Wir konnten kaum etwas vor uns sehen, unsere Augen mussten sich erst wieder an die Dunkelheit gewöhnen. Doch einer der Männer entdeckte uns und lief uns nach. Wir wussten nicht, was ihre Absichten waren, und rannten weiter bis zu den Ruinen der Basilika. Dort lagen große Decken auf dem Boden, mit denen die Archäologen ein Mosaik zugedeckt hatten. Das war unsere Rettung. Wir krochen unter diese staubigen Decken und bewegten uns nicht. Plötzlich hörten wir die Stimmen der Araber direkt über uns, aber mein Arabisch war nicht so gut, dass ich heraushören konnte, weshalb sie uns suchten. Wir waren unbewaffnet, hatten nur noch diesen einen Stein in der Hand und wollten kein Risiko eingehen. Deshalb lagen wir eine halbe Stunde still, bis wir länger nichts mehr gehört hatten. Dann schlüpften wir langsam unter den Decken hervor.

Die Männer waren in der Ferne verschwunden. Wir sahen, wie sie über den Hügel nach Osten gingen. Nun fühlten wir uns wieder sicher und mussten doch noch rasch unsere Neugier stillen und herausfinden, auf was für einem Mosaik wir so lange gelegen hatten. Als wir die Decken wegzogen und mit der Taschenlampe darauf leuchteten, entdeckten wir einen großen Davidstern, ungefähr eineinhalb Meter im Durchmesser. Es war ungewöhnlich, mitten in einer Basilika, direkt vor dem Altar, einen Davidstern zu sehen und kein Kreuz.

Vielleicht hatten wir hiermit die messianischen Wurzeln der Stadt Ma'ale Adumim entdeckt, denn der Mönch Euthymius hatte nicht nur die örtlichen Beduinen missioniert, sondern auch viele Juden, wie seine Schriften berichten. Einige jener neu bekehrten Juden zogen sogar zu ihm in das Kloster. Vielleicht waren sie es, die dieses wunderschöne Mosaik mit dem Davidstern gelegt hatten? 1580 Jahre später, im Jahr 2004, haben wir wieder eine messianische Gemeinde in Ma'ale Adumim gegründet.

Es ist interessant zu wissen, dass die Stadt Ma'ale Adumim heute zu den jüdischen Ortschaften in Israel mit prozentual den meisten messianischen Juden zählt.

Und eins war uns beiden klar: dass wir mit diesem Fund, dem David-Stern-Mosaik, unsere größte Entdeckung dieser Nacht gemacht hatten.

Mosaik mit Davidstern in byzantinischer Kirche in Ma'ale Adumim. Hinweis auf die ersten messianischen Juden im Ort.

2. Bevor wir israelische Produkte boykottieren

Israel ist ein Land, wo mehr als nur Milch und Honig fließt. Wenn Sie jemals eine lang haltbare Cherrytomate gekauft haben oder ein Gerät, das schnell und sanft Haare von den Beinen entfernt, oder eine Instant-Message verschickt haben, dann können Sie der israelischen Technologie dafür danken.

Stellen wir uns vor, wir müssten einer Gruppe von Unternehmern, die das Projekt an Investoren verkaufen sollen, dieses Land in seinem Zustand vor der Staatsgründung Israels vorstellen. Das würde sich ungefähr so anhören: »Am 14. Mai 1948 wird die Mandatszeit auf einem kleinen Stück Land im Nahen Osten enden; das steht hier zum Angebot. Wir wollen an diesen Ort viele Millionen Menschen aus über 100 Nationen versammeln. Diese Menschen haben keine gemeinsame Kultur, nicht einmal eine gemeinsame Sprache, weil schon zweitausend Jahre vergangen sind, seitdem sie das letzte Mal hier waren, als ihre Vorväter damals weltweit verstreut wurden. Kaum einer von ihnen hat landwirtschaftliche Erfahrungen, und erst recht keine Erfahrungen in Staatsführung. Vielmehr leiden viele von ihnen an Traumata aus vergangenen Verfolgungsjahren. In diesem Land befinden sich keine nennenswerten Bodenschätze, dafür gibt es ständig Wassermangel. Der Norden ist mit Sümpfen bedeckt, welche höchstwahrscheinlich zu Malaria führen werden. Für die Europäer wird das Klima ziemlich schwierig zu ertragen sein. Und da wäre noch ein anderes Problem: Das Land ist von Millionen Feinden umgeben, die eigentlich niemals Interesse an diesem Land zeigten, da sie über unbegrenzte Geldressourcen verfügen, aber sie werden im Durchschnitt ungefähr alle zehn Jahre versuchen, die neuen Bewohner des Landes mit einem Krieg zu vernichten. Dann werden die Bewohner ständig mit Terroranschlägen bedroht. Also, meine Damen und Herren, ich frage Sie: Wer ist bereit, sein Vermögen in dieses fantastische Projekt zu investieren?«

Cherrytomaten, eine israelische Entwicklung.

Vielen Menschen fällt es schwer, die Größe des Wunderlandes Israel zu verdauen, die technologischen, landwirtschaftlichen, medizinischen und vielen anderen Errungenschaften dieses Ministaates und dazu noch die vielen Nobelpreisträger, die aus Israel kommen.

Man fragt sich: Was ist so besonders an den Israelis, die wir doch als jüdische Nachbarn bei uns in Europa nicht zu schätzen wussten und nicht duldeten?

In den letzten zweitausend Jahren durchwanderten viele Völker dieses Land, aber keiner machte solch ein Paradies daraus wie die Israelis. Was dieses Phänomen nur noch verstärkt, sind die vielen eben erwähnten Errungenschaften, die trotz der zentralen Beschäftigung mit Sicherheit und Militärischem entstanden sind. Nicht eines der fundamentalen Probleme des Staates ist bislang gelöst und scheint auch menschlich nicht lösbar zu sein. An erster Stelle steht hier das Fehlen von Frieden und Sicherheit. Die Grenzen des Landes sind unklar – um jede Grenzziehung gibt es Streitigkeiten, und statt normaler Grenzen haben wir auf den Karten eine »grüne Linie«, eine »blaue Linie« und andere Farben, die eigentlich Konflikte und Bedrohungen markieren. Aber sind wir deshalb niedergeschlagen? Nein, wir sind glücklich! Zwar ständig empört und klagend, aber glücklich, denn wir sind uns der Alternative bewusst, die auf uns lauert.

Gott der Herr hat sich nicht gescheut, in uns zu investieren, deshalb hat er das Unmögliche möglich gemacht. Er wusste, wenn er das richtige Volk in das passende Land versetzt und seinen Segen hinzugibt, dann entsteht ein Wunderland, das wir heute Israel nennen.

Wer mit Israels Politik nicht einverstanden ist und etwas dagegen unternehmen will, muss sich nicht unbedingt einer Terrororganisation anschließen, um Israel zu schaden, sondern kann es heutzutage auch aus der Ferne tun, indem er einfach israelische Produkte oder ihre Akademiker von seinem Land aus boykottiert. Die arabischen Länder kaufen sowieso nicht aus Israel und in den europäischen Ländern wird es immer populärer, israelische Produkte in den Supermärkten und generell zu meiden.

Aber bevor wir uns vornehmen, israelische Produkte zu boykottieren, sollten wir uns erst eine Liste mit israelischen Erfindungen machen. Dann merken wir, dass es nicht nur Orangen und Datteln sind, womit die Welt von Israel profitiert.

Immer wieder verblüffen neue Ideen und Erfindungen aus Israel die Technologiewelt. Mit Forschungs- und Entwicklungszentren wollen Konzerne aus aller Welt daran teilhaben. Doch es sind die kleinen Firmen, die besonders kreativ sind. Israel hat gerade einmal 7,5 Millionen Einwohner. Doch das Land gibt Unsummen für die Forschung aus – und hat mehr Unternehmen an die US-Technologiebörse Nasdaq gebracht als Deutschland und viele andere Länder.

Der Schulunterricht läuft über Computer.

Endlich ein Auftritt Israels vor der Weltöffentlichkeit, der keine Gewalt zeigte. Israel hat sich zur größten Hightech-Schmiede nach dem Silicon Valley entwickelt, dem Zentrum der Informationstechnologie-Branche in den USA. Im Verhältnis zur Bevölkerungsgröße hat das kleine Land mit seinen gut sieben Millionen Einwohnern das große Vorbild in Kalifornien längst hinter sich gelassen. Im

»Silicon Wadi« – je nachdem, wie großzügig man dieses Gebiet fasst, wird damit ein Küstenstreifen zwischen Tel Aviv und Haifa umschrieben – tummeln sich mehr als 3 000 Jungunternehmen. Und jährlich kommen 300 bis 600 hinzu.

Wie kann ein Staat, der sich seit Jahrzehnten im Ausnahmezustand und im Konflikt mit den Nachbarn befindet, zum Wunderland für Technologiegründer werden?

So wie die Schweiz mehr als Käse und Schokolade anzubieten hat, so hat auch Israel mehr zu bieten als Terror und Orangen: eine Vielfalt an Schönheiten, Kulturen und Errungenschaften, eine einmalige Geschichte und noch vieles mehr. Im Rückblick auf Israels relativ wenige Existenzjahre seit 1948 finden wir eine breite Palette an positiven Errungenschaften, die aus Israel hervorgegangen sind und von denen die ganze Welt profitiert.

Wen Fakten leicht verwirren, der nehme sich beim Lesen in Acht und bedenke, dass dies nur eine kleine Auswahl ist:

Es war die israelische Firma Checkpoint, die die in der ganzen Welt häufig verwendete Sicherheitssoftware Firewall entwickelte. Firewall ist eine Software, die dazu dient, den Netzwerkzugriff zu beschränken, basierend auf Absender- oder Zieladresse und genutzten Diensten. Die Firewall überwacht den durch sie hindurchlaufenden Datenverkehr und entscheidet anhand festgelegter Regeln, ob bestimmte Netzwerkpakete durchgelassen werden oder nicht. Auf diese Weise unterbindet die Firewall unerlaubte Netzwerkzugriffe. Der Name Firewall bedeutet »Mauer aus Feuer« und bekam ihren Namen aus der Bibel, aus Sacharja 2,5: »Doch ich selbst werde eine Mauer aus Feuer um Jerusalem bilden, spricht der Herr. Und ich werde die Stadt mit meiner Herrlichkeit erfüllen!« Die meisten Computer und Smartphones in der ganzen Welt machen Gebrauch von dieser israelischen Entwicklung »Firewall«.

Die israelische Firma Vocaltec erfand das Telefonieren per Computer. ICQ war der Vorläufer von Skype und Facebook. Mit ICQ können Nutzer weltweit Blitztelegramme von Computer zu Computer schicken. Israel erlangte 1998 auf einen Schlag Berühmtheit und Anerkennung in der Welt der New Economy, als der amerikanische Internetgigant AOL das junge Unternehmen Vocaltec für 400 Millionen Dollar schluckte.

Die Firma Comverse in Israel hat den Handyanrufbeantworter erfunden und macht damit Geschäfte mit Mobilfunkfirmen weltweit. Auch der visuelle Anrufbeantworter in Apples iPhone ist hier entstanden. Zwei Milliarden Menschen kommen täglich mit Comverse in Berührung, ohne dass sie den Namen kennen. Das Unternehmen hat 5 000 Mitarbeiter in 40 Ländern.

Israel rangiert bei der Zahl der Patente pro Kopf weltweit an zweiter Stelle, nach Japan und vor den USA. Wenn man die Effektivität der Erfindungen betrachtet, steht Israel eigentlich an erster Stelle. Von den 100 wichtigsten Jungunternehmen in Europa waren zehn israelisch.

Das IBM-Labor in Haifa hat die meisten US-Patente in Israel bekommen. Mit 5 896 im Jahr 2010 neu angemeldeten US-Patenten führt der Computerkonzern IBM nun seit 18 Jahren die weltweite Patentstatistik an. Wichtige technologische Neuerungen für soziale Netzwerke, Finanztransaktionen, Mikroprozessoren oder auch für die Spielkonsole XBOX wurden dabei von IBM in Haifa entwickelt. Im Jahr 2010 gab es 108 Patente mit israelischer Beteiligung. Suzanne Erez von IBM sagte, dass die israelische Art zu denken IBM helfe, neue Märkte zu erschließen.[3]

Es liegt sogar israelischer Schnee im populären Skigebiet Pitztal in der Schweiz. Dank einer scheunengroßen Apparatur aus Israel kann auch bei Temperaturen über null im Skigebiet Pitztal Schnee erzeugt werden. Rund 1,5 Millionen Euro investierte das Skigebiet in dieses Gerät, um unabhängig von der Wetterlage seinen Kunden die weiße Schneepracht bieten zu können.

Israelische Teesorten werden im Tee-Reich Großbritannien immer beliebter. Kräutertees aus der Galiläaregion im Norden Israels überzeugen sogar die anspruchsvollen britischen Teetrinker. Das Interesse an diesem israelischen Tee wächst weltweit. Demnächst wird er auch in Deutschland und in der Schweiz in den Regalen im Supermarkt stehen.

Die VOIP-Technologie (Voice over Internet Protocol, die Basis für Programme wie Skype), die internationale Telefongespräche einfach, billig und leicht verfügbar macht, wurde in Israel entwickelt.

Windows; ICQ (bekannt als AOL Chat); Antivirus-Software; Technologie für Mobiltelefone und Weiteres in diesem Bereich wurde – wenn auch nicht vollständig – aber doch in seinen wichtigsten technologischen Komponenten, von Israelis entwickelt. Israels Hightech-Gehirn ist mit vielen solchen Ideen gefüllt. Eine der letzten neuen Gadgeterfindungen war der sogenannte »Amazon Kindle«, der zum größten Teil in Israel, im Hightech Zentrum von Herzliya entwickelt wurde. Der Kindle ist ein Gerät von Amazon, mit dem elektronische Bücher (E-Books), elektronische Zeitschriften und elektronische Zeitungen (E-Papers) von Amazon heruntergeladen und gelesen werden können.

Auch der kleine USB-Stick, anfangs »DiskOnKey« genannt, der heutzutage bis zu über 256 GB Speicherplatz haben kann, wegen seiner geringen Größe leicht transportabel ist und immer wieder mit neuen Daten überschrieben werden kann, ist »Made in Israel«. Der erste DiskOnKey hatte nur eine Speicherkapazität von 8 MB, doch auch das war damals schon ein großer Sprung von der 1,44 MB Floppy Disk.

Eine der neusten Errungenschaften von israelischen Firmen ist das »Lexifone«, ein Telefonservice, der uns eine direkte Übersetzung mithilfe des Mobiltelefons bietet. Das System identifiziert und versteht die gesprochenen Worte und übersetzt sie innerhalb von 1–2 Sekunden. Man legt zum Beispiel das Telefon auf den Ladentisch vor dem chinesischen Verkäufer, jeder spricht in seiner Sprache und das Telefon gibt die Übersetzung in der anderen Sprache wieder.

Israel ist auch ein Wissenschaftsstaat. In keinem anderen Land gibt es, bezogen auf die Bevölkerungsgröße, so viele Promovierte. Jeder Vierte von ihnen hat seinen akademischen Titel im Weizmann-Institut (Institut für Naturwissenschaft) erworben. Bei der Zahl wissenschaftlicher Veröffentlichungen pro Kopf rangiert Israel weltweit an dritter Stelle. Wenn man die Bedeutung der Publikationen im Verhältnis zu ihrer Quantität berücksichtigt, steht Israel weltweit auf Platz 14. Dies schließt Fachgebiete ein, von denen die gesamte Menschheit profitiert – Medizin, Physik, Mathematik u. a.

Teva ist das weltweit größte Unternehmen für Generika. Es gibt wohl nur wenige Haushalte auf der Welt ohne Medikamente »Made in Israel«. Teva und andere Unternehmen entwickeln auch neue Arzneimittel. So hat Teva etwa ein Medikament zur Parkinsonbehandlung entwickelt, und bei der Behandlung von Multipler Sklerose ist Israel an vorderster Front beteiligt. Vor einigen Jahren hat der weltweit größte Pharmakonzern Pfizer ein Produkt einer israelischen Firma erworben, das Erblindung verhindern kann. Bei der Verbindung von Nanorobotern und Medizin ist Israel führend.

Dies ist – wie oben erwähnt – nur eine kleine Auswahl. Doch leider ist nicht alles so wundervoll in Israel. Viele Menschen sind auf der Strecke geblieben. Die soziale Kluft innerhalb der israelischen Gesellschaft ist so groß wie in nur wenigen anderen demokratischen Staaten. Zu wenige kontrollieren zu viel Kapital. Daher muss Entwicklung und Ausbau des menschlichen Potenzials die nationale Aufgabe des nächsten Jahrzehnts sein. Die Pro-Kopf-Produktion im ressourcenarmen Israel ist um 40 % höher als im reichen Saudi-Arabien. Der Grund hierfür ist einfach: Menschliche Ressourcen produzieren sehr viel mehr als Ölressourcen. Und trotz seiner Errungenschaften ist Israel noch weit davon entfernt, sein Potenzial voll auszuschöpfen.

Nun gelangen wir zu dem größten Paradox von allen: Obwohl Israel auf einem Index, der Beiträge an die Menschheit misst, die weltweite Nummer eins sein könnte, belegt es den ersten Rang im Index der Feindseligkeit. Israel wird zahlreichen Umfragen zufolge (zuletzt von der BBC) als das Land wahrgenommen, das den Weltfrieden am meisten bedroht. Führende Zeitungen der Welt – etwa die New York Times, die Washington Post, Le Monde oder der Guardian – haben sich anlässlich von Israels 60. Geburtstag dazu entschieden, völlig von Israels Beitrag zur Entwicklung der Menschheit abzusehen und stattdessen die »ethnische Säuberung und die palästinensische Nakba« (die Araber nennen Israels Gründungstag einen Trauertag, Nakba) in den Vordergrund zu rücken. Auch hierbei lassen sie sich von anderen Fakten nicht beirren.

Der Widerspruch zwischen Israels Beitrag für die Welt und seinem Image zeigt nur eines: die Lügenindustrie gegen Israel trägt den Sieg über die Fakten davon und der Mensch glaubt, was er glauben will. Tatsächlich weist der israelisch-arabische Konflikt die niedrigste Opferzahl in den Annalen aller anderen internationalen Konflikte auf. Das hält die Medien nicht davon ab, die Ansicht zu verbreiten, dass Israel einen Völkermord an den Palästinensern betreibe – obwohl es in Israel keinen Völkermord gibt und nie gegeben hat.

Kritik an Israel ist zulässig. Nicht alle seine Aktionen sind lobenswert. Jeder Intellektuelle und Liberale auf der Welt, der sich noch immer an Fakten orientiert und nicht an der Mode, muss jedoch zugeben, dass die antizionistische Mode als einer der verachtenswertesten Trends in die Geschichte der Menschheit eingehen wird, erreicht nur noch von Phänomenen wie Rassismus und Antisemitismus. Es ist also Zeit, das wahre Israel zu präsentieren – ein Israel, das – gemessen an seinen nur wenigen Existenzjahren – mit Stolz betrachtet werden kann, hauptsächlich aufgrund seines enormen Beitrags für die Menschheit.

Dov Moran, der Erfinder des USB-Sticks, antwortete auf die Frage, wieso ausgerechnet Israel an der Weltspitze patentierter Erfindungen steht: »Mein Land ist von Feinden umgeben und wird ständig angegriffen. Du wächst mit Eltern aus Verfolgungssituationen auf. Du wirst dazu erzogen, ständig ans Überleben zu denken.« Der Militärdienst spiele dabei eine entscheidende Rolle. »Mit neunzehn befehligst du eine Soldatentruppe. Du führst sie in den Tod oder in den Erfolg. Die Araber kämpfen nicht um das blanke Überleben. Für 80 Millionen Einwohner Ägyptens ist Krieg gegen Israel keine Überlebensfrage.«[4] Israel dagegen darf keinen Krieg verlieren.

»Boykottiert israelische Waren!«

Die europäischen Juden, die mit der Gründung des Staates nach Israel einwanderten, waren erfahrende Experten im Bankwesen und gute Händler, aber von Landwirtschaft und Entwicklung eines Landes hatten sie keine Ahnung. Der arabische Boykott seit der Staatsgründung sorgte dafür, dass nur wenige europäischen Firmen bereit waren, Israel zu beliefern. So waren sie gezwungen, ihre fehlenden Geräte für Landwirtschaft, Waffen zur Verteidigung und medizinische Geräte selber herzustellen. Man könnte es auch so sehen, dass Israel den arabischen Staaten die Grundlagen seiner weltweit führenden Landwirtschaft, Rüstungsindustrien und Hightech-Industrie zu verdanken hat.

Also, bevor wir uns vornehmen, israelische Produkte zu boykottieren, sollten wir uns die lange Liste mit den vielen Erfindungen »Made in Israel« machen. Damit müssen wir dann nicht nur auf die israelischen Orangen verzichten, sondern dürfen auch unseren USB-Stick nicht mehr benutzen. Dann sollten wir nicht nur die leckeren Datteln aus Israel im Regal stehen lassen, sondern müssen auch dem Arzt sagen, er dürfe uns nicht mit dieser in Israel erfundenen »Kamera-Pille« untersuchen und die vielen israelischen Arzneimittel für die Behandlung von Parkinson und Multipler Sklerose einsetzen, mit deren Entwicklung Israel heutzutage an vorderster Front steht. Und wir müssen auch auf die vielen anderen aus Israel stammenden, lebensnotwendigen technologischen und medizinischen Errungenschaften verzichten, von denen heute die ganze Welt profitiert.

3. Asterix und Obelix gegen die Philister

In Israel zu leben ist ein Vorrecht, aber nicht immer leicht. Besonders, wenn man in einem Ort lebt, der sich in Judäa oder Samarien befindet. Mein Weg zurück vom Büro in Jerusalem nach Hause in Ma'ale Adumim geht durch das Gebirge Judäa, und es kommt mir jedes Mal vor, als fahre ich ein paar Kilometer durch die Bibel. Rechts und links direkt an der Hauptstraße wohnen Beduinen in ihren Zelten. Die verschleierten Frauen laufen von einem Zelt zum anderen. Die Hirten versuchen ständig, ihre Schaf- und Ziegenherden zusammenzuhalten. Manchmal kommt der ganze Verkehr auf beiden Seiten zum Erliegen, weil ein kleiner Beduinenjunge, ein Hirte, gerade seine Herde über die Straße laufen lässt.

An der nächsten Kreuzung biege ich rechts ab und fahre hoch auf den kleinen Berg nach Ma'ale Adumim. Auch auf dieser Auffahrt laufen Kamele auf beiden Seiten entlang bis ein paar Meter vor meinem Haus.

Brunnen in Ma'ale Adumim, aus dem wahrscheinlich auch Jesus trank.

Der biblische Weg von Jerusalem nach Jericho, auf dem im Gleichnis vom barmherzigen Samariter ein Mann überfallen wurde, verlief über das Gebirge von Ma'ale Adumim, auf dem heute die jüdische Stadt steht. Dort wurde ein Brunnen aus der Zeit Jesu entdeckt, aus dem höchstwahrscheinlich auch Jesus öfters getrunken hat. Wenn man eine gerade Linie vom Tempelplatz bis zur Herberge des barmherzigen Samariters zieht, dann überquert man das heutige Ma'ale Adumim und weil es auch nur 200 Meter tiefer als Jerusalem liegt, ist es viel logischer, dass die Route nach Jericho dort lang lief und nicht weiter nördlich, wie man bisher annahm.

Von unserem Haus aus haben wir einen wunderschönen Blick Richtung Norden, auf das Land Benjamin, wo einst der biblische Stamm Benjamin lebte. Wir überschauen das ganze Gebirge. Heute stehen auf den Gipfeln dieser Hügel jüdische Siedlungen, die auf den Ruinen der originalen biblischen Orte gebaut wurden. Darunter schauen wir auf Anatot, den Ort, aus dem vor ungefähr 2600 Jahren der Prophet Jeremia kam. Er predigte dem Volk Israel Bekehrung und Umkehr zu Gott und prophezeite jahrelang den Untergang der Tempelstadt, der im Jahr 586 v. Chr. tatsächlich eintrat.

Das Land des Stammes Benjamin, wo die Kämpfe zwischen Saul und den Philister stattfanden.

Direkt dahinter liegen die jüdischen Siedlungen Benjamin-Geba und weiter östlich das auf biblische Zeiten zurückgehende Ma'ale Michmas (siehe 1. Samuel 13–14). Diese Orte sind von unserem Wohnzimmer aus zu sehen. Sie erinnern uns an die vielen Kämpfe gegen die Philister zu Zeiten der Könige Saul und David.

Vor über 3 000 Jahren besiegten dort die Israeliten unter der Führung von König Saul die Philister. Vor lauter Freude ließ Saul die Posaunen blasen. Das verärgerte die Philister so sehr, dass sie ihre Soldaten aus dem ganzen Land zusammenriefen. Als die Israeliten diese vielen Philister auf einmal sahen, verkrochen sie sich in allen Höhlen und Löchern, wo sie nur konnten. Immer mehr Philister rückten an und lagerten in Michmas. Saul befand sich mit seinen Soldaten in Benjamin-Geba, wo heute wieder eine jüdische Siedlung liegt. Er lag gerade unter einem Granatapfelbaum und war umringt von 600 Soldaten. So fühlte er sich sehr geschützt und sicher. Hin und wieder pflückte er einen dieser über ihm hängenden Äpfeln ab, während sich die Philister mit Wagenkämpfern, Gespannen und Reitern in Ma'ale Michmas aufrüsteten. Seinem Sohn Jonathan gefiel das gar nicht, denn er wollte nicht abwarten, bis seine Feinde aufgerüstet hatten und bereit für einen Angriff waren. Also zog er mit seinem Waffenträger zum Philisterlager los. In der Nacht kamen sie zu einem Engpass mit zwei spitzen Felsen, die heute noch zu besichtigen sind und wo damals auf der anderen Seite ein Vorposten der Philister war. Dort erschlugen die beiden alle zwanzig Wächter. Einer von ihnen schaffte es gerade noch zu fliehen und meldete im Lager, dass da zwei Überstarke wie »Asterix und Obelix« auf dem Weg zum Lager sind. Die vielen versammelten Philister bekamen Angst – so ungefähr wie die Römer in den Asterixheften, wenn Asterix und Obelix in der Umgebung waren. Sie gerieten in große Panik. Dann schickte Gott noch ein kleines Erdbeben zu Hilfe, und die Philister flohen in alle Richtungen. Damit war der Krieg beendet und der Feind besiegt. So kann man sagen, dass diese beiden Israeliten, Jonathan und sein Waffenträger, mit Gottes Hilfe eine gewaltige Armee von über 30 000 Philistern überwältigt haben (s. 1. Samuel 13–14).

Diese Geschichte spielte sich auf den Hügeln Benjamins direkt vor unserem Haus ab, und wenn wir im Wohnzimmer oder draußen auf dem Balkon sitzen und die Bibel aufschlagen, dann können wir uns heute noch die beiden Lager, das eine in Benjamin-Geba und das andere in Ma'ale Michmas, gut vorstellen.

Auf diese Weise könnte ich fast jeden Hügel in Judäa und Samarien biblisch erklären, denn die meisten Geschichten aus der Bibel geschahen dort. Die jüdische Stiftshütte stand dort in Silo, beinahe 400 Jahre lang. Dort in Samarien, auf dem Berg Ebal, gab Gott zum ersten Mal seine Erwählung von Israel bekannt. So wie 1948 der Staat Israel deklariert wurde, hat Gott dort vor ungefähr 3 500 Jahren das Volk Israel zu seinem Volk deklariert.

In der Bibel heißt es: »Wenn ihr über den Jordan in das Land zieht, das der Herr, euer Gott, euch gibt, sollt ihr einige große Steine aufstellen und sie weiß anstreichen. Auf diese Steine sollt ihr, sobald ihr den Fluss überquert habt, das ganze Gesetz schreiben. Dann werdet ihr in das Land kommen, das der Herr, euer Gott, euch geben will: ein Land, in dem Milch und Honig überfließen, wie es euch der Herr, der Gott eurer Vorfahren, versprochen hat. Sobald ihr den Jordan überquert habt, sollt ihr die Steine am Berg Ebal aufstellen und sie weiß anstreichen, wie ich es euch heute befehle. (...) Mose und die levitischen Priester sagten zum Volk: ›Ihr Israeliten, seid still und hört zu! Von heute an seid ihr das Volk des Herrn, eures Gottes.‹« (5. Mose 27,2-4.9). Das ist also der eigentliche Geburtsort des Volkes Israel.

Es tut weh, auch nur daran zu denken, dass die Welt aus diesem so bedeutungsvollen Ort, aus so einem zutiefst biblischen, israelischen und jüdischen Ort, einen Palästinenserstaat machen will.

Vielleicht ist das sogar der eigentliche Grund und teuflische Plan, der sich hinter diesen terroristischen, politischen und »menschenrechtlichen« Bemühungen verbirgt. Weshalb die Feinde Israels und die Welt unbedingt mit aller Gewalt die Israelis aus diesem Land werfen wollen. Wenn dem wirklich so ist, dann erklärt sich von allein, weshalb auch alle archäologischen Hinweise auf den ersten und zweiten Tempel während des Baus einer Moschee in den sogenannten Ställen Salomos auf dem Tempelplatz zersägt und klein gemahlen wurden.

Die beiden jüdischen Siedlungen Benjamin-Geba und Ma'ale Michmas, wo die oben beschriebene Geschichte stattfand, sind sehr wichtig für uns Israelis. Sie sind so eine Art Ermutigungshügel; sie erinnern uns daran, dass es bei Gott nicht auf die Menge ankommt, sondern ob Gott, der Herr Zebaot, mit dir ist oder nicht. Diese Frage finden wir in der Bibel immer wieder: David gegen Goliat, Gideon mit 300 Mann gegen eine Armee mit 135 000 Soldaten. Und auch seit seiner Staatsgründung stand Israel immer wieder vor einer scheinbar unbesiegbaren Übermacht. Während des Unabhängigkeitskriegs 1948 standen jedem israelischen Soldat 316 arabische Soldaten gegenüber. Wenn wir noch dazu bedenken, dass die damals ersten israelischen Pioniere noch keine richtige militärische Ausbildung hatten und es zum großen Teil Holocaustüberlebende waren, die es gerade noch geschafft haben, nach Israel zu gelangen, ist der Sieg umso erstaunlicher. Und trotz aller menschlichen Nachteile war Gott mit ihnen und gab Israel den Sieg gegen alle arabischen Nationen, die sie angriffen.

Das kleine Land und Volk Israel mit seinen fünfeinhalb Millionen Juden ist heutzutage von 360 Millionen Arabern umgeben. Darum brauchen wir diese Ermutigungshügel, die uns an die Errettung und Hilfe Gottes erinnern, sonst verlieren wir schnell den Mut.

Der Herr schläft und schlummert nicht, wenn es um Israel geht. Er wacht über sein Volk wie über seinen Augapfel.

4. Auf einmal stand ein Kamel vor uns

Ein heißer Wüstenwind wehte uns ins Gesicht. Es waren 37 Grad Hitze an diesem Freitagnachmittag, als ich mit meinem siebenjährigen Sohn Os und meiner elfjährigen Tochter Hodaya in unserer Nachbarschaft eine Fahrradtour machte. Wir wohnen in einer Stadt im Judäischen Bergland zwischen Jerusalem und dem Toten Meer. Der Schweiß lief uns über die Gesichter herunter und die Sonne schien uns auf den Nacken, während wir drei neue Wüstenwege um die Stadt auskundschaften. Ma'ale Adumim liegt 650 Meter über dem Meeresspiegel wie eine Insel inmitten einer trockenen und steinigen Einöde. Westlich der Stadt liegt der Ölberg und in alle anderen Richtungen sind nur kahle Wüstenberge zu sehen. An diesem Tag konnten wir sogar bis hinüber auf die Berge Moabs in Jordanien sehen.

Die Ziegenherden der dort lebenden Beduinen hatten für unsere Fahrräder geeignete schmale Pfade frei getrampelt. Wir fuhren auf einem dieser Pfade an einem großen Felsen entlang und machten eine Linkskurve. Da sahen wir, wie sich gerade eine Schlange hinter einem Felsen verkroch. Wir fuhren weiter und trafen einen wilden Wüstenhund, der aus der Ferne zuerst wie ein Wolf aussah. Dann hielten wir an und machten eine kurze Trinkpause. Wir waren zwar erst eine halbe Stunde unterwegs, hatten aber schon riesigen Durst. Bei solchen Touren kann man sich gut vorstellen, weshalb die Kinder Israels in der Wüste so viel murrten, wenn sie tagelang ohne Wasser wanderten.

Die Fahrt ging erfrischt weiter, aber dann stand plötzlich ein Kamel vor uns. Es war bestimmt über zwei Meter groß. Wir konnten an keiner Seite an ihm vorbei. Wir wussten nicht, ob wir Angst haben oder lachen sollten. Da kam uns auch schon ein kleiner Beduinenjunge entgegengelaufen. Er war der Hirte der Kamele und Ziegen, die dort zwischen den Steinen noch etwas zu fressen fanden. »Kif Halek?« (Wie gehts?), fragte ich ihn auf Arabisch. Dann kamen noch zwei seiner Brüder auf einem Esel angeritten. Sie baten uns, ihnen die Fahrräder auszuleihen. Ich blickte nach hinten zu Hodaya und sie zeigte mit ihrem Finger auf die Esel. »Wenn wir dafür auf dem Esel reiten dürfen«, sagte ich, »dann könnt ihr mit unseren Fahrrädern fahren«. Sie sprangen von ihren beiden Eseln und nahmen unsere Räder, während wir auf ihre Esel stiegen.

Hodaya auf dem Esel unserer Beduinennachbarn.

Das machte Spaß, obwohl die Esel nicht richtig gesattelt waren und wir ihre harten Knochen zu spüren bekamen. Die Beduinenkinder waren mit den Rädern hinter den Hügeln verschwunden und wir saßen da auf den Eseln und blieben mitten in der Ziegenherde allein zurück. Wir wussten nicht so genau, wie wir sie zum Laufen bringen sollten und versuchten – wie bei Pferden – ihnen die »Sporen« zu geben. Sie rührten sich nicht. Einer der Beduinenjungen kam plötzlich mit großer Geschwindigkeit mit unserem Fahrrad angesaust und gab meinem Esel einen Tritt von hinten. Als hätte ich auf das Gaspedal beim Auto gedrückt, fing er auf einmal an zu laufen. Ihr Hund lief uns ständig zwischen die Beine und machte den Esel nervös. Dann kam der andere Junge von der anderen Seite gefahren und fragte auf Arabisch »Uakef?« (Stoppen?). Diesen Begriff kannte ich aus der Armee. Als ich Ja sagte, machte er ein merkwürdiges Geräusch wie »Brrrrr!« und der Esel stoppte. Nach einer Weile hatten wir den Bogen raus und beherrschten die Esel ziemlich gut. Mal liefen sie langsam und dann rannten sie wieder los. Mein Sohn saß erst mit mir auf einem Esel und meine Tochter Hodaya auf dem anderen; dann wechselten wir wieder. Wir ritten durch die Wüste und fühlten uns für eine Weile wie Nomaden in biblischen Zeiten. Nach einer halben Stunde kamen die Beduinen zurück und wir spielten noch ein wenig zusammen. Sie zeigten uns ein paar Reitkunststücke auf den Eseln, die bestimmt eine gute Nummer im Zirkus gäben.

Kurz darauf kamen ihre älteren Brüder vorbei. Nach einer kurzen Vorstellung baten sie uns Tee an, worüber wir uns freuten. Wir setzten uns in einen Kreis auf den Boden, wir drei Israelis und erst zwei und später noch drei Beduinen. Hinter uns lag Ma'ale Adumim, vor uns die Wüste in Richtung Totes Meer und links von uns, hinter dem Hügel im Tal, ihr Beduinendorf. Einer holte ein riesiges Feuerzeug aus seiner Hosentasche und der andere sammelte ein paar trockene Hölzer. In wenigen Minuten war das kleine Lagerfeuer angezündet. Ein anderer holte eine kleine, schwarze, verkohlte Teekanne aus der Satteltasche eines Esels und stellte sie aufs Feuer. Ein besseres Picknick und Abenteuer hätte ich meinen Kindern gar nicht bieten können. Sie waren hellauf begeistert und wollten überhaupt nicht so schnell zurück nach Hause. Wir unterhielten uns miteinander, als wären wir schon lange befreundet.

Das Gespräch verlief auf Hebräisch und teilweise auf Arabisch (jedenfalls mit dem Arabisch, an das ich mich aus meiner Militärzeit noch erinnern konnte). Wir fragten sie, ob sie sich wünschten, unter der Herrschaft eines palästinensischen Staates zu leben. Wie aus einem Mund sagten alle »La!« (»Nein!«). Fauwas, der Älteste unter ihnen, band sein Beduinenkopftuch zurecht und sagte: »Wir Beduinen leben in ›Charb‹ (Krieg) mit ihnen, weil wir mit euch zusammenarbeiten; das dulden sie nicht.«

Hodaya und Os mit Beduinen der Jahalinsippe beim Teekochen.

Erst dachte mein Sohn Os, dass ein heißer Tee in der Wüste bei dieser Hitze nicht das passende Getränk wäre; wir sollten doch lieber etwas Kaltes trinken. Dann aber, nach den ersten Schlückchen Tee, merkte er, wie schnell der Körper sich trotzdem wieder abgekühlt hatte. Die Beduinen erzählten uns, wie ihr ganzes Dorf darum gebeten hatte, sich auf der anderen Straßenseite ansiedeln zu dürfen, als die Israelis angefangen hatten, diesen Hügel (dabei zeigte er in Richtung unseres Hauses) zu bauen. Dafür bekamen sie als Entschädigung eine größere Landfläche und ein Haus im arabischen Dorf Asariya. Auf meine Frage, ob sie damit zufrieden wären, sagte er: »Natürlich, jetzt geht es uns gut.« Sie waren die Söhne des großen Scheichs der Jahalin-Sippe, zu der alle Beduinen gehören, die am Straßenrand zwischen Jerusalem und Jericho wohnen.

Sie fragten uns, wo genau wir wohnen, und ich interessierte mich dafür, wo sie zur Schule gingen. Nicht weit von dort, im arabischen Dorf Abu-Dis, erklärten sie. Dann aber sagte einer von ihnen, »außer Maher«. Er zeigte auf seinen vierzehnjährigen Bruder, einen Teenager mit großen braunen Augen und blitzenden weißen Zähnen. »Er ist nicht so gut in der Schule, deswegen hat unser Abui (Vater) ihn zum Hirten gemacht.« Maher lächelte nur und erklärte uns den Grund dafür: Sein Vater meinte, er würde immer so viel träumen und herumfantasieren und daher nicht im Unterricht aufpassen. Aber er sei gern Hirte, er liebe die Wüste.

Da musste ich sofort an den kleinen Hirten David denken, der auch auf dem Feld die Schafe hüten musste (wahrscheinlich aus demselben Grund), später aber zum König von Israel erkoren wurde. Denn als der Prophet Samuel zu Jesses Familie kam, um einen König für Israel zu suchen, wurde ihm der kleine Hirte anfänglich gar nicht vorgestellt. In den Augen seines Vaters war er ja auch nur ein »Träumerchen«. Jesse zeigte Samuel nur seine großen, starken und gelehrten Söhne als potenzielle Könige vor. Jesse musste in diesem Fall lernen, dass Gott anders auswählt als der Mensch, denn Gott schaut nicht auf das Äußere, sondern auf das Herz des Menschen. So wählte Gott ausgerechnet den kleinen Hirten aus, der wegen seiner Träumerei und Visionen vielleicht auch nicht zur Schule ging. Dafür hatte David in der Wüste eine enge Beziehung mit Gott gepflegt. Er verbrachte viele Tage und Nächte auf den Feldern, starrte stundenlang auf das Himmelszelt mit den vielen Sternen. Dann schrieb er in seinen Psalmen: »Wenn ich den Himmel betrachte und das Werk deiner Hände sehe – den Mond und die Sterne, die du an ihren Platz gestellt hast –, wie klein und unbedeutend ist da der Mensch und doch denkst du an ihn und sorgst für ihn!« (Psalm 8,4-5).

Solche »Träumer« haben auf dieser heutigen Welt keine große Chance. Die Welt übersetzt alles in Karriere und Finanzen, da haben Visionäre keinen Platz. Aber bei Gott ist das anders. Er wählte ausgerechnet diesen Träumer und Visionär zum König über sein Volk aus. Und seine Wahl war gut.

Ja, es waren die Visionäre, die Gott gebrauchen konnte und zu Königen machte. Gott wählte auch Josef, den Träumer, als Retter seines Volkes und Herrscher über Ägypten aus. Für die Staatsgründung Israels gebrauchte er den Visionär Theodor Herzl. Herzl war nicht nur ein Visionär, sondern auch ein Atheist. Er träumte von einer pragmatischen Lösung für das jüdische Volk, ein Stück unbewohnter Erde auf dem Globus für die Juden, damit sie nicht ständig verfolgt werden. Er hatte sogar vor, im afrikanischen Uganda ein Stück Land zu diesem Zweck zu erwerben.

Auch hier hat Gott ausgerechnet durch diesen Visionär und Atheisten die zionistische Bewegung entstehen lassen, aus der später der jüdische Staat Israel geboren wurde.

Hätte Gott es uns überlassen, einen Mann für die Gründung Israels auszuwählen, dann wäre Theodor Herzl als Atheist bestimmt keiner der Kandidaten gewesen. Genauso, wie für Jesse der Liederschreiber David gar nicht infrage kam, sondern nur seine großen und starken Brüder.

In diesem Sinne können wir verstehen, weshalb die Welt bis heute immer noch nicht verstanden hat, warum Gott das kleine Volk Israel als Werkzeug für seinen Heilsplan auserwählte und nicht das große Amerika oder den reichen Vatikan. Ausgerechnet dieses kleine Volk, das Gott sogar einmal als »Würmlein Jakob« bezeichnete, ausgerechnet dieses hat Gott gebraucht, um den Erlöser und Heiland Jesus Christus auf die Welt zu bringen. Ja, ausgerechnet dieses von der Welt so sehr gehasste Volk Israel, das fast täglich in der Presse kritisiert und von den Vereinten Nationen oft verurteilt wird, hat Gott auch für seinen zukünftigen Segen für die Welt auserwählt.

Denn, wenn es Versöhnung für die Welt gebracht hat, dass die Juden Jesus verworfen haben, wie viel mehr wird dann Leben daraus hervorgehen, wenn sie ihn annehmen werden (s. Römer 11,15). Mit anderen Worten, wenn Israel Jesus als Messias anerkennen wird, dann wird ein noch größerer Segen auf die ganze Welt kommen. Dann wird göttliche Weisung von Zion aus gehen.

Das klingt heutzutage nicht politisch korrekt, aber es ist sehr biblisch korrekt. Wer auf der Welt würde heute denken, dass einmal aus Israel ein göttlicher Segen für die ganze Welt kommen wird? Vielmehr das Gegenteil ist der Fall: Die große Mehrheit sieht in Israel den Grund für den Unfrieden auf der Welt. Diese Meinung vertritt nicht nur der größte Teil der ungläubigen Menschen der Welt, sondern sie ist leider auch in den meisten Kirchen, bei vielen Theologen und sogar in zahlreichen freien Gemeinden vertreten. Die wahren Freunde Israels, die oft als unrealistisch, bibeltreue Fundamentalisten oder auch als »Träumer« bezeichnet werden, zählen weiterhin zur Minderheit auf dieser Welt.

Es war auch ein Visionär, der die Stadt Ma'ale Adumim gründete, in der ich zu Hause bin. Das ganze Gebiet dieser heutigen wunderschönen Stadt auf den Hügeln Judäas war bis zum Jahre 1975 nur eine kahle Wüste. Es wurde schon von Josua (Kapitel 15) in der Bibel als Grenze des Landes Judäa erwähnt. Nur eine kleine Hütte stand damals ganz isoliert auf dem Hügel, wo heute mehr als 40 000 Israelis wohnen. Unter diesem Hügel verläuft die Hauptstraße zwischen Jerusalem und Jericho. Viele Autofahrer fragten sich damals, als sie dort vorbeifuhren: Wer könnte da oben auf dem Wüstenhügel so einsam und isoliert wohnen? Es musste bestimmt so ein verrückter Hippie sein, der sich vom Rest der Welt isolieren will. Vielleicht ein Körneresser oder Blumenkind von Woodstock. Aber das war nicht der Fall. Wer es wagte, einmal zu dieser einsamen Hütte hochzufahren und ihn zu besuchen, stellte fest, dass sich dort ein wohlhabender, vornehmer Jude aus Frankfurt angesiedelt hatte. Und dass auf den vier Wänden seiner einfachen Hütte folgende eingerahmte Bibelverse hingen:

> »*So spricht Gott, der Herr: Ich hole die Israeliten aus allen Völkern heraus, zu denen sie gekommen sind. Ich sammle*

sie von überall her, bringe sie in ihr Land und mache sie dort, auf den Bergen von Israel, zu einem einzigen Volk.«
(Hesekiel 37,21-22)

»Dann wird Jakob Wurzeln schlagen. Israel wird Knospen und Blüten tragen und die ganze Erde mit seiner Frucht erfüllen!« (Jesaja 27,6)

»Dann leben die Menschen in den Häusern, die sie erbaut haben und essen die Früchte der Weinberge, die sie gepflanzt haben.«
(Jesaja 65,21)

»Dann werden sie die uralten Ruinen wieder herstellen, und was seit langem verwüstet war, wieder aufrichten. Sie werden sowohl die vom Krieg zerstörten Städte wieder aufbauen als auch die Trümmer vergangener Generationen.« (Jesaja 61,4)

Aufgrund dieser Verheißungen entschloss sich dieser Jude, sein bequemes Zuhause in Frankfurt zu verlassen und sich mit seiner Familie mitten in der Wüste eine Hütte zu bauen. Seine Verwandten und Freunde hielten ihn auch für verrückt, für einen Träumer. Nein, er war ein Mann mit einer Vision, der fest an Gottes Verheißungen glaubte. Obwohl damals noch keine Pläne für eine zukünftige Stadt in diesem Gebiet vorhanden waren, zog er dorthin. Er war kein orthodoxer Jude und auch kein messianischer Jude, sondern ein einfacher Jude, der nicht wie der Rest der Welt politisch korrekt dachte, sondern biblisch korrekt fest an Gottes Wort glaubte.

Sein Glaube an Gott war stärker als die weltliche Logik. Solche Visionäre und Träumer kann Gott gut zum Bau seines Reiches gebrauchen – Menschen, die nicht bereit sind, Kompromisse einzugehen, um es der Welt recht zu machen. Menschen, die bereit sind, vor den anderen als »Verrückte« dazustehen.

Mose verzichtete auf eine glorreiche Karriere und zog in die Wüste. Für diese Entscheidung wurde er auch für dumm gehalten. Abraham verließ seine Heimat und zog in ein unbekanntes Land, ohne zu wissen, was ihn erwartet. Doch er glaubte fest daran, dass Gott seine Verheißungen halten wird.

> *»Erinnert euch, liebe Brüder, dass nur wenige von euch in den Augen der Welt weise oder mächtig oder angesehen waren, als Gott euch berief. Gott hat das auserwählt, was in den Augen der Welt gering ist, um so diejenigen zu beschämen, die sich selbst für weise halten.*
> *Er hat das Schwache erwählt, um das Starke zu erniedrigen.*
> *Er hat das erwählt, was von der Welt verachtet und gering geschätzt wird, und es eingesetzt,*
> *um das zunichte zu machen, was in der Welt wichtig ist.«*
> *(1. Korinther 1,26-28)*

II. Leben im Kriegszustand

5. Wer nicht an Wunder glaubt, ist kein Realist

Für viele Menschen ist die Bibel ein altmodisches Buch oder nur ein Geschichtsbuch, aber auf keinen Fall ein aktuelles Buch, in dem wir das Geschehen für heute und morgen finden können. Diese traurige Tatsache ist leider auch unter vielen Christen verbreitet. Sie werden das nicht so gerne zugeben, wenn sie direkt darauf angesprochen werden. Aber fragt man sie, ob das heutige Israel prophetische Zukunft hat und sie die Erfüllung der biblischen Verheißungen Gottes darin erkennen, dann fangen die meisten an zu stottern oder haben verschiedene »schlaue« politische Erklärungen. Sie lesen zwar in derselben Bibel, in der überall das Gleiche steht, nämlich dass die Juden eines Tages aus der ganzen Welt wieder in das Land ihrer Väter heimkehren und es begrünen, bebauen und darin siedeln werden. Trotzdem sind sie nicht bereit, in diesen Tatsachen Gottes Verheißungen zu sehen. Stattdessen suchen sie lieber Fehler an dem Verhalten der Israelis, besonders der israelischen Soldaten, um damit ihre Argumente zu untermauern. Sie behaupten, dass die Wiederherstellung Israels kein göttliches Werk sein kann, weil die Israelis sich so »menschenrechtsverletzend« gegen die Palästinenser verhalten.

Ich lebe schon viele Jahre in der jüdischen Stadt Ma'ale Adumim. In den Medien wird sie als »jüdische Siedlung« bezeichnet, obwohl sie 40 000 Einwohner hat und schon lange als offizielle Stadt zählt. Sie liegt mitten im Judäischen Bergland, nur zehn Kilometer östlich von Jerusalem. Bis 1975 war der Berg, auf dem sich diese Stadt heute befindet, ein einfacher Berg in der Wüste, ohne Baum oder Strauch, nur ein kahler Wüstenberg mit Steinen, Schlangen und Skorpionen. Im Jahr 1948 hat sich etwas erfüllt, was in der Bibel vorausgesagt ist: »Und ich will das Gefängnis meines Volkes Israel wenden«, und im Jahr 1975 dann hat sich der Rest des Verses auch in Ma'ale Adumim erfüllt, »dass sie die verwüsteten Städte wieder aufbauen und bewohnen sollen« (Amos 9,14).

Ob diese jüdischen Städte, die sogenannten Siedlungen, politisch korrekt sind oder nicht, das ist ein ganz anderes Thema. Legen wir die Meinung der Welt für den Augenblick beiseite – oder lieber für immer. Dann erkennen wir viel deutlicher, wie haargenau die Verheißungen Gottes vor unseren Augen in Erfüllung gingen und weiterhin gehen. Die Existenz und das Überleben des Volkes Israel sind ein klarer Beweis, dass es einen Gott gibt und dass sein Wort wahr ist.

Dies ist wiederum auch der eigentliche Grund, weshalb der Teufel Israel so sehr loswerden und vernichten will. Es geht ihm und der Welt nicht um ein Haus mehr oder weniger in einer Siedlung, sondern um die eigentliche Idee der Siedlungen, die ein Beweis dafür sind, dass es einen Gott gibt. Manchmal habe ich das Gefühl, dass all die Gegner Israels nur gegen Israel sind, um dadurch ihren Unglauben an Gott zu begründen. Man kann also in der Rückkehr des jüdischen Volkes und Landeseinnahme ein Wunder und Gottes Heilsplan sehen – oder es als Besatzung und menschenverachtenden Akt betrachten. Manchmal wundert man sich so sehr, dass ein Wunder passiert.

Satan herrscht heute noch in der Welt und somit auch über die Meinungen und das Handeln der Menschen. Deswegen brauchen wir uns nicht zu wundern, dass Gott und die Bibel für die Menschheit immer fremder werden. Wenn Gott seinem Volk langsam das verheißene Land zurückgibt, bezeichnet die Menschheit das lieber als »Besatzung« als ein Wunder. Als 1967 das jüdische Volk Jerusalem wieder zurückgewann, sahen die Welt und die Kirchen darin das prophetische Handeln Gottes und die Wiederherstellung seines Volkes – die Tage des Messias sind nahe. Dann griff der Feind

Gottes zu einer anderen Waffe. Muslime wurden als Arbeitskräfte in die europäischen Länder geholt, und mit ihnen kam eine neue Art des Antisemitismus nach Europa, deren Wurzeln zum Teil bis zur Entstehung des Islam zurückreichen. So verstreute der Teufel wieder Samen des Hasses, auch in Deutschland, das sich gerade von seinem mörderischen Verhalten in der Nazizeit erholt hatte und versuchte, sich mit Israel auszusöhnen.

»Denn ich will sie in ihr Land pflanzen, dass sie nicht mehr aus ihrem Land ausgerottet werden, das ich ihnen gegeben habe, spricht der Herr, dein Gott.« (Amos 9,15).

Dieser Vers nimmt mir alle Sorgen bezüglich einer zukünftigen Vernichtung Israels fort. Wenn Gott sagt, dass die Kinder Israel »nicht wieder aus ihrem Land herausgerissen werden«, dann investiert Ahmadinedschad am falschen Ort. Ich glaube nicht, dass Gott sein Volk nach Israel zurückgeführt hat, damit Herr Ahmadinedschad irgendwann auf den roten Knopf drückt und es vernichtet.

Auch nicht, damit die Israelis das öde Wüsten- und Sumpfland begrünen und entwickeln und es am Schluss auf einem Silbertablett an ein anderes Volk überreichen. So gibt allein dieser Vers mir eine große Gewissheit über die letztlich sichere Zukunft Israel. Es werden noch schreckliche Kriege und Gefahren auf uns zukommen, aber sie werden nicht zur vollständigen Vernichtung Israels führen.

Schon von Anfang an hat die Welt über Menschen gespottet, die sich an Gottes Verheißungen festhielten – wie zum Beispiel Noah. Dann wussten sie alles besser und bauten den Turm zu Babel. Wenn ich heute auf die Straße gehe und von der Wiederherstellung Israels und Gottes Heilsplan erzähle, werde ich genauso ausgelacht und verspottet wie Noah. Das »Gefäß« meint auch heutzutage. alles besser zu wissen als der »Töpfer« selbst.

Mit der Gentechnik will sich die Menschheit von Gott abnabeln und sagt: »Wir können es auch allein.« Auch mit dem gigantischen

Teilchenbeschleuniger »Large Hadron Collider« wollen die Physiker am CERN entschlüsseln, wie die Welt durch den Urknall entstanden ist und was sie zusammenhält. Irgendwie scheint es mir, als würde die Menschheit immer aufs falsche Pferd setzen. So war es immer nur eine Minderheit, die Gott gehorsam war, in die Arche stieg oder auch ins Gelobte Land kam, und es waren wenige, die Jesus als Messias annahmen. »Denn viele sind eingeladen, aber nur wenige sind auserwählt.« (Matthäus 22,14).

Wer nicht an Gott und sein Wort glaubt, muss an etwas anderes glauben. In einem der populärsten Lieder von Bob Dylan finden sich die Zeilen:

Well, it may be the devil or it may be the Lord
But you're gonna have to serve somebody
(Es sei der Teufel oder der Herr, aber irgendjemandem musst du dienen.)

Wenn wir uns für Jesus entschieden haben, sollen wir auch seine Gebote halten und seinem Wort ohne Zweifel glauben. »Wenn die Welt euch hasst, dann denkt daran, dass sie mich schon gehasst hat, ehe sie euch gehasst hat.« (Johannes 15,18). Das ist nicht einfach in einer Welt, die vom Teufel regiert wird, da schwimmen wir ständig gegen den Strom. Besonders wenn es um Israel geht und wir ein positives Wort für Gottes Volk einlegen wollen, überlegen wir uns das mehrmals, weil es gegen die generelle Meinung ist. Wenn wir uns auf die Seite Israels stellen, bekennen wir uns automatisch zu Gott bzw. zu Jesus, und somit gilt der folgende Vers auch für die mutigen Israelfreunde, die sich an die Seite Israels stellen: »Wer sich hier auf der Erde öffentlich zu mir bekennt, den werde ich auch vor meinem Vater im Himmel bekennen.« (Matthäus 10,32).

»Wer nicht an Wunder glaubt, ist kein Realist«, sagte einst Israels erster Ministerpräsident David Ben-Gurion. Das ist eine gute

Mischung. So kann man auch an Wunder glauben und trotzdem ein Realist bleiben. Mit dieser Aussage haben Wissenschaftler oft zu kämpfen. In Israel muss man an Wunder glauben, aber gleichzeitig auch ein Realist bleiben; nur so versteht man, was dort abläuft.

Es ist ein großer Glaube an Gott nötig, um zu glauben, was der Prophet Amos über die Zukunft Israel sagte: dass sie »nicht mehr herausgerissen werden«. Wenn man die vielen und massiven Bedrohungen gegen Israel betrachtet, hat Israel ohne Gottes Wunder keine Chance. Da ist die militärische Aufrüstung der arabischen Nachbarn, die nur auf die nächste Gelegenheit warten, Israel wieder anzugreifen, um es zu vernichten. Oder die UNO, die oft Israels Existenzrecht infrage stellt. Und wenn man die tickende Atombombe des Iran betrachtet, dann braucht man schon einen festen Glauben an Gott, um an das Überleben Israels zu glauben. Gleichzeitig müssen wir aber auch Realisten sein, um die Gefahr zu erkennen und uns auf den nächsten Angriff vorzubereiten. Dem kleinen jüdischen Volk mit seinen sechs Millionen Juden in Israel stehen über 300 Millionen Araber entgegen.

Mein bester Freund wanderte direkt nach seinem dreijährigen Militärdienst nach Australien aus. Er wählte ausgerechnet Australien, weil es nur von Meeren umgeben ist, es also keine feindlichen Nachbarstaaten hat. Er glaubt nicht an Gott und seine Verheißungen und kann deshalb als »Realist« nicht verstehen, weshalb ich in Israel geblieben und nicht auch in Kapitulation vor den Drohungen der Feinde in ein »sicheres« Land gezogen bin.

Äthiopische Juden auf dem Weg zu den »Adlersflügeln« (Flugzeugen), die sie in ihre Heimat Israel bringen werden.

Schon zu biblischen Zeiten war Israel immer in der Minderheit, aber mit Gottes Hilfe hat es große Feinde besiegt. Israel hat Pogrome und Vernichtungsversuche von den Babyloniern, Römern und Nazis mit Gottes Hilfe überlebt. Die größten Imperien existieren heute nicht mehr, aber das Volk Israel hat sie alle überlebt. Nicht nur überlebt, sondern es ist zu einem Land geworden, das eine führende Rolle in modernen Technologien spielt und eine wirtschaftlich starke Kraft ist. Israel ist auch eine kulturell blühende und lebendige Gesellschaft, voller Kreativität in Musik, Tanz, Literatur und Film. Ja, wenn ich mir diese Entwicklung und diese Lebendigkeit in Israel vor Augen führe, dann ist das schon ein Grund zum Staunen. Israel hat in nur 60 Jahren seine Bevölkerung verzwölffacht.

Der Staat bzw. die Menschen in dem Staat mussten zugleich eine ungeheure Integrationsarbeit leisten: Aus einer Mischung aus deutschen »Jekkes«, Jemeniten, Marokkanern, Amerikanern, Franzosen, Südamerikanern, Irakern, Osteuropäern usw. sollte und soll die neue israelische Gesellschaft und eine gemeinsame Identität entstehen. Was für eine Aufgabe! Ganz sicher ist man der Verwirklichung dieses Zieles in den ersten 60 Jahren ein Stück näher gekommen, doch der Traum vom Schmelztiegel bleibt nach wie vor ein Traum. Es gibt Benachteiligungen und nicht alles ist glattgelaufen bei der Integration. Und vielleicht stimmt es auch, was manche sagen: Die Integration von Juden aus aller Welt ist für Israel so aufreibend, dass die Integration von Arabern (noch) eine Überforderung darstellt.

Aber die unbestreitbar großen Erfolge hat Israel nicht erzielt, weil es so clever und so stark ist, sondern weil Gott hinter Israel steht. Gott steht zu seinem Wort, auch wenn wir Israelis es manchmal nicht verdient haben.

Darum bin ich fest davon überzeugt: Gott hat all das nicht für Israel getan, damit es irgendwann vollständig vernichtet wird – nicht durch die Nationen, die laut Sacharja 12,3 gegen Israel ziehen werden, und auch nicht durch eine Atombombe. »›Ich werde sie fest einpflanzen in dem Land, das ich ihnen geschenkt habe‹, spricht der Herr, euer Gott, ›dann werden sie nie mehr ausgerissen werden.‹« (Amos 9,15).

Hierzu passt die Volksgeschichte, die am Passahfest am Tisch erzählt wird:

In einem kleinen Städtchen in Russland, was man damals »Stetle« nannte, wohnten zwei besonders gute Freunde, Moischke und Iwan. Wie ihr wahrscheinlich schon erraten habt, war Moischke ein Jude und Iwan ein Heide aus einer russischstämmigen Familie. Beide waren sie arme Schlucker, die vom Betteln in ihrer Stadt lebten, von den Essensresten, die ihnen die Leute gaben und die sie unter sich aufteilten.

»In ein paar Tagen erwartet uns ein besonderes Festessen!«, verkündete Moischke seinem Freund an einem schönen Frühlingsmorgen.

»Warum? Wird der Bürgermeister seine Tochter verheiraten? Oder hast du in einem Glücksspiel gewonnen?«, fragte Iwan erstaunt.

»Nein, unser Passahfest rückt nahe, und am Passahfest öffnet jeder Jude seine Türen und lädt die armen Leute zu sich ein. Und wir sind doch arme Leute, deshalb werden wir in ein jüdisches Haus eingeladen und…«

»Aber ich bin doch ein Heide«, unterbrach ihn Iwan mit Ärger.

»Du Dummerchen, hat dich denn jemand gebeten, deinen Ausweis zu zeigen? Komm einfach mit mir in die Synagoge, setz dir ein Käppele auf den Kopf, und irgendjemand wird dich schon zu sich nach Hause einladen. Dort wirst du ein tolles Festessen genießen, mit Fisch und Fleisch und allerlei Leckerem…«

»Ich kann es kaum noch abwarten!«, rief Iwan vor Begeisterung. Dann begannen im Stetle die Vorbereitungen für das Passahfest. Laut Moischke und Iwan war es das Jahr Achtzehnhundertnochwas.

Der Sederabend näherte sich und alles verlief wie geplant. Moischke hatte von irgendwo ein Käppele für Iwan besorgt, und während sie zur Synagoge liefen, warnte er ihn: »Halt bloß den Mund, damit du deine Identität nicht verrätst! Schau auf mich und mach mir alles nach.« Der verängstigte Iwan versprach ihm, sein Bestes zu tun.

In der Synagoge nahm Moischke ein Gebetsbuch in die Hand und begann darin zu lesen. Auch Iwan nahm sich eins der Bücher. Es war zwar das Gebetsbuch für den Yom Kippur, aber zum Glück hat das keiner bemerkt. Am Schluss des Gebets kam ein gutmütiger Jude zu ihm und lud ihn zu sich nach Hause ein. Iwan hatte etwas Angst, ohne Moischke zu gehen, aber der ermutigende Blick von Moischke half ihm, sich zu überwinden und Ja zu der Einladung zu sagen. Sie machten aus, sich nach dem Festessen auf dem Stadtplatz zu treffen.

Das Haus war hell beleuchtet. Der Tisch war mit Silberbesteck neben feinen Gläsern gedeckt. In Iwans Nase stiegen schon feine Düfte aus der Küche, sein Magen fing an zu knurren …

Der Hausherr goss jedem ein Glas Wein ein. Alle standen auf und sagten etwas in einer Sprache, die er nicht verstand; so murmelte er einfach etwas Unverständliches mit. Dann trank er den Wein mit einem Schluck.

Nach dem Wein nahm jeder ein Stück Zwiebel und tauchte es in Salzwasser. »Was für ein leckerer Appetitanreger!«, dachte sich Iwan.

Zu seinem großen Erstaunen wurde danach gar kein Essen serviert. Stattdessen nahmen alle Tischgäste Bücher (die Passah-Haggada) zur Hand und lasen, lasen, lasen …

Endlich wurden Matzen auf den Tisch serviert. Iwan nahm eine und biss hinein. »Was für ein komisches Knäckebrot!« Dann verlor er langsam die Geduld. Wo sind denn die leckeren Speisen? Wo blieben denn die Fische und das Fleisch, die Moischke ihm versprochen hatte?

Dann wurde eine kleine Schale herumgereicht, worin ein roter Brei war, daneben ein Salatblatt. Jeder nahm nur ein wenig von dem roten Brei und aß. »Das ist bestimmt eine edle Speise, deswegen nehmen alle nur so geizig wenig davon«, so verstand es Iwan. »Ich werde viel davon nehmen!« Er nahm einen großen Haufen von dem Meerrettich, steckte alles auf einmal in den Mund – und spuckte es sofort wieder aus: »Meschugge!«, schrie er, »Verrückte Leute!« Er trat gegen den Tisch und verließ ärgerlich das Haus.

Moischke kam später zu dem vereinbarten Treffpunkt. Er konnte kaum laufen von dem vielen guten Essen und den vier Gläsern Wein in dem Haus seiner Gastgeber.

»Du hast mich angelogen!«, beklagte sich Iwan bei Moischke und erzählte ihm, was er alles hatte erdulden müssen.

»Ach du Dummerchen, du hast so viel gelitten, so lange gewartet, sogar bis der Meerrettich kam – hättest du nur noch ein paar Minuten länger gewartet, dann hättest du das beste Festessen deines Lebens serviert bekommen!«, sagte Moischke.

Die Rabbiner erklären diese Geschichte als ein Gleichnis für die Not Israels und die Erlösung. Jetzt, wo wir schon das bittere Kraut und den Meerrettich geschmeckt und so viel gelitten haben, wird es nur noch eine kleine Weile dauern, dann wird die Erlösung kommen. Dort werden wir nur Gutes und Gnade bekommen. Lasst uns nicht die Geduld und den Glauben verlieren!

6. Mit Mercedes und leerem Portemonnaie nach Israel

Meine Mutter rief uns schnell aufs Deck. »Schaut mal, da sieht man schon die Stadt Haifa.« Das Fährschiff schaukelte leicht hin und her, aber wir fünf Kinder waren wie hypnotisiert von dem ersten

Anblick unserer neuen Heimat. Es war der 17. August 1978, als wir mit der *Appolonia* (so hieß das Schiff) in Haifa ankamen. Ich war erst zehn Jahre alt, als Gott unsere Familie aus Deutschland zurück in unsere ursprüngliche Heimat rief.

Wir kamen immer näher. Jetzt konnte ich schon die Menschen am Hafen erkennen. Ich konnte es kaum noch abwarten, vom Schiff zu steigen und den Boden meiner neuen Heimat zu betreten. Das Gefühl war seltsam und gleichzeitig aufregend. Mich interessierte die ganze Bürokratie vom Zoll und dergleichen nicht. Ich sah nur, wie meine Eltern mit unzählig vielen Formularen ständig hin und her rannten. Wir hatten nämlich nicht nur vier große Kisten mit all unserem Hab und Gut mitgebracht, sondern im Bauch des Schiffes wartete auch ein blitzblanker neuer Mercedes. Wir mussten ziemlich lange in der prallen Sonne herumstehen, bis alles erledigt war. Ich genoss die Sonne und hoffte, schnell braun zu werden, damit ich nicht so sehr als »Neuling« in Israel auffiel. In der Zwischenzeit beobachtete ich die Menschen, wie anders sie doch als die Deutschen aussahen, und jeder trug hier seine eigene Mode. Die Modedesigner hatten damals Israel noch nicht entdeckt, und so waren in Israel die vielen verschiedenen Kulturen ihre Modedesigner. Die Kleidung war einfach bunt und so unterschiedlich!

Endlich war es so weit. Ein großes Tor mitten im Bauch des Schiffes öffnete sich mit einem Mal und mein Vater kam mit dem blauen Mercedes herausgefahren. Wir stiegen ein und mussten noch durch einige Zollkontrollen hindurch, bis wir endlich unser Leben in dem neuen Land beginnen konnten. Israel war jetzt meine neue Heimat. Obwohl ich in Deutschland geboren bin und nur ab und zu für einen Urlaub in Israel gewesen war, fühlte ich mich sofort zu Hause.

Aber was sollte jetzt geschehen? Wir hatten keine Wohnung, zu der wir hinfahren konnten, noch hatten meine Eltern Geld für ein Hotel. Der neue Mercedes sah zwar so aus, als wären wir reich, aber das Portemonnaie war leer. Monate zuvor hatte Gott zu meinem Vater gesprochen, er solle Deutschland verlassen und nach Israel ziehen, samt der ganzen Familie. Diesem Ruf folgte er mit vollem Vertrauen auf den Herrn. So wie mein Vater sich auf den Herrn verließ, so verließ ich mich auf meinen Vater, dass er schon irgendeine Lösung für unsere Unterkunft finden würde. Ehrlich gesagt, das interessierte mich gar nicht; ich genoss die neuen Landschaften und interessanten Menschen auf den Straßen, die wir entlangfuhren. Für meine Eltern wurde es jetzt doch sehr ernst. Bald wurde es auch schon dunkel. Sie konnten doch nicht mit einer siebenköpfigen Familie so einfach auf der Straße bleiben!

Ich erinnere mich noch gut an den Moment, als mein Vater den Wagen anhielt und meine Mutter anschaute, als wüsste sie die Lösung, was der nächste Schritt sein sollte. Wir sollten jetzt ruhig hinten im Auto sitzen bleiben, denn sie wollten beten. Nach dem Amen entdeckte er neben dem Parkplatz ein Schild von einer Jugendherberge mit dem Namen Beth-El. Vielleicht ist das schon Gottes Antwort, meinte er, obwohl er auch kein Geld für eine Jugendherberge hatte, aber er stieg aus und ging auf sie zu. Kaum war er ein paar Schritte gegangen, da kam ein junger Mann auf ihn zu und sprach ihn auf Deutsch an. Wir sahen, wie die beiden sich längere Zeit unterhielten. Mit einem breiten Lächeln kam mein Vater zum Wagen zurück und sagte: »Ihr könnt jetzt aussteigen, wir dürfen in diesem großen schönen Haus hier gegenüber wohnen.« Das ging aber schnell, dachte ich. Dieser junge Mann, Uwe Seppmann (er wohnt heute wieder in Deutschland und leitet das Gästehaus »Beth Emmaus« in Loiz bei Sternberg), hütete für eine ältere Dame, die zu der Zeit in Deutschland war, ihr Haus. Ohne sie zu fragen, ob sie bereit dazu war, eine Familie mit fünf Kindern bei sich zu Hause zu beherbergen, lud er uns ein. Mein Vater versprach ihm, spätestens nach drei Tagen wieder auszuziehen. Er hatte wahrscheinlich noch nicht gemerkt, dass dies eigentlich schon die Antwort Gottes auf sein Gebet gewesen war. Wir blieben letztendlich ein halbes Jahr in dieser Wohnung in der Hagefen-Straße. Die ältere

Dame war Heidi Hardegg, die Enkelin eines Templers aus Haifa. Sie stimmte zu, wir durften länger dort wohnen, und auch als sie wieder zurück war, wohnten wir mit ihr zusammen. Meine Eltern und wir Kinder, drei Jungs und zwei Mädchen, brachten ziemlich viel Leben und Lärm in ihr Haus. Sie war nicht verheiratet und für sie war es eine Abwechslung, einmal einen Haufen Kinder bei sich zu Hause zu haben. Wir kamen gut miteinander aus.

Ein kurzes und »knackiges« Gebet, und schon hatten wir ein neues Zuhause in einem neuen Land. Das war eine eindeutige Gebetserhörung. Diese Treue Gottes hat mich damals stark beeindruckt und seitdem mein Leben lang begleitet. Seitdem wusste ich, dass ich mich auf Gott verlassen kann. Wenn er uns irgendwo hinschickt, dann lässt er uns nicht im Stich.

Als die Kinder Israel aus Ägypten auszogen, ließ Gott sie auch nicht im Stich zwischen dem Meer und der ägyptischen Armee. Nur für eine kurze Zeit wussten sie nicht, wie es weitergehen sollte, bis sich das Meer öffnete. Dadurch lernten sie, auf Gott zu vertrauen.

Kurz nach unserer Ankunft in Haifa kamen wir dort in die Schule. Die hebräische Sprache habe ich als Zehnjähriger mithilfe meiner neuen israelischen Schulkameraden schnell gelernt.

7. Ein Finger auf der Straße

Ich war gerade fünfzehn Jahre alt geworden und wir lebten schon in Jerusalem. Terroranschläge waren in Israel in den Achtzigerjahren im Vergleich zu heute noch etwas Seltenes. Die folgende Geschichte ereignete sich einige Jahre, bevor 1987 die Intifada begann.

Als Jugendlicher durfte ich ab und zu allein ins Stadtzentrum von Jerusalem gehen. Ich liebte es, einfach so in den vielfältigen bunten Läden auf der Jaffastraße herumzubummeln. Hier ging ich in ein Spielwarengeschäft, da in einen Bücherladen und fand es einfach toll, mich so selbstständig und erwachsen zu fühlen. Dann kaufte ich mir eine kalte Cola und beobachtete die vielen verschiedenen Menschen in der Stadt. Jeder eilte irgendwo hin, nur wenige gingen wie ich in aller Ruhe durch die Geschäfte. Ein bekannter Bücherladen in Jerusalem, Steimatzky, zog mit einem Buch über die Kreuzritter im Schaufenster meine Aufmerksamkeit an. Drinnen sah ich mir noch viele andere Bücher an, bevor ich zu diesem Buch griff und es mir anschaute. Diese idyllische Atmosphäre wurde von einem lauten Knall, einer draußen explodierenden Bombe unterbrochen. Die Bücher rutschten aus den Regalen und die Scheiben des Bücherladens zerbrachen mit einem schrecklichen Klirren. Wir alle standen wie versteinert da. Dann rannten die Menschen in alle Richtungen. Was war los? Jemand schrie: »Das ist ein Terroranschlag!« Ich lief hinaus auf die Straße, konnte aber kein Feuer und keine verletzten Menschen sehen. Die Krankenwagen rasten schon heran und die Polizei war auch bereits vor Ort. Ich wollte mir das nicht aus der Nähe ansehen und entschloss mich, in die andere Richtung nach Hause zu laufen, weil die Busse jetzt wahrscheinlich eine Zeit lang nicht ins Stadtzentrum fahren können. So lief ich aufs Jaffator zu.

Da entdeckte ich auf dem Boden direkt vor mir einen Finger liegen. Ein echter Menschenfinger – ekelig sah das aus. Er wirkte noch ganz frisch. Neben dem Finger hier auf der Straße waren Blutflecken zu sehen. Ich rief einen Polizisten herbei und zeigte auf den Finger. Er gab die Entdeckung per Funk durch und schon kamen seine Kollegen und steckten das Fundstück in ein Plastiktütchen.

Mit vielen schrecklichen Gedanken setzte ich meinen Heimweg fort. Dann sah ich auf einmal Blutflecken auf der Straße. Ich folgte ihnen langsam, während mein Herz immer stärker klopfte, denn die Blutflecken wurden immer größer. Meine Neugier auf das, was auf mich zukommen würde, überwältigte meine Angst. Da waren sie wieder, diese roten, noch frischen Blutflecken auf dem Boden. Plötzlich hörten sie mit einem Mal auf. Ich schaute mich in alle

Richtungen um. Es raschelte in dem Busch direkt neben mir. Ich drückte die vorderen Äste des Buschs beiseite, um zu sehen, was sich dahinter versteckte. Dann schnappte jemand meinen Arm und hielt mich ganz fest, sodass ich nicht wegrennen konnte. Er sagte nichts und schaute mich nur an. Auch ich starrte erschrocken in sein bleiches Gesicht. Es war ein Araber, wahrscheinlich der Terrorist. Dann entdeckte ich, dass ihm ein Bein und die andere Hand fehlten, die gerade von seinem Körper abgerissen worden waren. Es sah schrecklich aus, aber ich wusste nicht, was ich tun sollte. Der Finger gehörte also ihm. Er hielt mich immer noch fest. Seine Kraft in der gesunden Hand ließ langsam nach, sodass ich mich bald von ihm losreißen konnte. Nun stand ich ihm gegenüber und schaute diesem Terroristen in die Augen. Zuerst hatte ich Mitleid mit ihm wegen seines Zustandes; dann musste ich an all die verletzten Israelis denken, die schon auf dem Weg ins Krankenhaus waren.

Später erfuhr ich aus den Medien, dass dieser arabische Terrorist auf dem belebten Kikar-Zahal-Platz eine Bombe legen wollte und beim Aktivieren des Zeitzünders auf den falschen Knopf gedrückt hatte. So explodierte die Bombe in seiner Hand und riss ihm den linken Arm und das linke Bein vom Körper.

Ich stand ihm immer noch gegenüber. Ich schaute ihm in die Augen, konnte aber keinen Hass gegen ihn empfinden; vielmehr spürte ich Mitleid. Er sagte kein Wort. Dann sackte er in sich zusammen und sein Kopf fiel nach vorn. In der Ferne konnte ich Polizisten hören, die ihm auch schon auf der Spur waren. Sie sahen mich und ich zeigte auf den Terroristen. Wenige Minuten später traf auch der Krankenwagen ein. Als die Ärzte Blut auf meinem Arm sahen, wollten sie mich gleich behandeln und mitnehmen. Ich konnte sie aber überzeugen, dass es mir gut ging und das Blut nur von dem Terroristen sei.

Eigentlich hatte ich gelogen, denn es ging mir nachher gar nicht so gut. Dieses schreckliche Erlebnis werde ich nie vergessen. Das war meine erste Begegnung mit Terrorismus. Besonders in den folgenden Tagen musste ich immer wieder über diesen Menschen nachdenken, der sich so vom Widersacher beherrschen ließ. Er hatte bestimmt auch eine Frau und Kinder; trotzdem hasste er israelische Mütter, Kinder und alle Juden, die ihm doch gar nichts getan hatten.

Wer hätte damals in den Jahren vor der Intifada damit gerechnet, dass solche Terroranschläge einmal zum Alltag in Israel werden würden? Und dass ich als Soldat und Journalist ständig damit konfrontiert werden würde? Dieser gewisse Moment, als ich diesem »zerfetzten« Terroristen in die Augen sah, machte mir eins ganz deutlich: Hinter all den schrecklichen Terroristen stecken armselige Personen, »die nicht wissen, was sie tun« (s. Lukas 23,34).

Das war mein erstes Terrorerlebnis in Jerusalem und generell in meinem Leben. Es war der Anfang dieser Prophetie aus Sacharja. Denn ein Mensch, der solch einen Hass gegen unschuldige Mütter und Kinder empfindet, dass er bereit ist, sie so brutal zu töten, der wurde vom Gegenspieler Gottes vergiftet. »Siehe, ich mache Jerusalem zum Taumelkelch für alle Völker ringsum, und auch über Juda wird es kommen bei der Belagerung Jerusalems.« (Sacharja 12,2).[5] Das hebräische Wort für Taumelkelch heißt *Saf-Raal*. *Saf* bedeutet Kelch oder Schale; *Raal* bedeutet betäubendes Gift.

So begann sich diese Prophetie bereits zu erfüllen. Damals mit einzelnen Terroristen; heute gehören Terroranschläge schon zum Alltag, bis alle »Völker ringsum« vom Teufel mit dem *Saf-Raal* so sehr betäubt sein werden, dass sie versuchen, das Volk Israel zu vernichten – mit der Betonung auf dem Wort »versuchen«.

8. Der Terrorist mit dem Baby

Wir umzingelten das Haus des Terroristen. Ein palästinensischer Informant hatte uns verraten, wo sich der Terrorist versteckte. Er hatte bereits einen Selbstmordattentäter nach Jerusalem geschickt und plante inzwischen einen weiteren Anschlag.

Wir rechneten mit Widerstand, deshalb mussten wir den Überraschungseffekt ausnutzen. Anstelle von Militärjeeps fuhren wir mit zwei alten und verstaubten Privatautos durch Gaza. Die hinteren Fenster waren durch schmutzige Vorhänge verdeckt, sodass man uns von draußen nicht sehen konnte. Wir fuhren ganz langsam und vorsichtig und weigerten uns, daran zu denken, wie es ausgehen würde, wenn wir im Zentrum von Gaza von der palästinensischen Menschenmenge entdeckt würden.

Die beiden Israelis am Steuer der beiden Peugeots trugen Kefijes (palästinensische Kopftücher) und waren unrasiert. Wir näherten uns dem Haus des Mörders, durch den vor einem Jahr dreizehn Israelis in einem Linienbus in die Luft gesprengt worden waren; vier davon waren kleine Kinder unter zehn Jahren, die anderen junge Frauen und Mütter. Als wir sein zweistöckiges Haus an der nächsten Straßenecke schon sehen konnten, klopfte mein Herz. Dann bogen wir nach rechts und die anderen nach links ab, weil wir uns von den Seitenstraßen aus an sein Haus annähern wollten. Vorsichtig fuhren wir ganz dicht an die hohe Mauer vor seinem Haus, damit er uns vom oberen Stockwerk nicht entdecken konnte, wenn wir in unseren Uniformen ausstiegen. Wir verteilten uns um das ganze Haus herum und jeder suchte sich einen Busch oder ein Versteck, wo wir den Terroristen im Fall einer Flucht überraschen wollten. Insgesamt waren wir acht Soldaten, vier Dienstsoldaten und vier Reservesoldaten; zu diesen zählte ich. Meine Frau wusste nicht, wo ich mich momentan aufhielt; das hätte sie nicht ertragen können.

Zwei meiner besten Soldaten und ich rannten zum Eingang und stürmten durch die Haustür. Mit einem Sprung und Tritt gegen die Tür öffnete sie sich mit einem großen Krachen und das Schloss gab nach. Wir durchsuchten die Zimmer eins nach dem anderen. Zuerst die Küche; sie war leer und es waren keine Kochgerüche wahrzunehmen, was meistens darauf hinwies, dass keiner zu Hause war. Wir suchten in den restlichen Zimmern und im Keller. Das Haus war leer.

Doron Schneider im Reservedienst bei Dschenin.

Irgendetwas stimmte aber nicht. Der Informant, von dem wir diese Information erhalten hatten, hatte uns bisher immer korrekte und genaue Details geliefert. Diese speziellen Hinweise waren sogar ganz frisch, das heißt, sie waren uns vor weniger als einer Stunde übermittelt worden. Er müsste also noch in diesem Haus sein. Vielleicht hatte er uns doch beim Kommen bemerkt und saß in einem unterirdischen Versteck. Ich befahl mit lauter Stimme allen Soldaten, das Haus zu verlassen, signalisierte ihnen aber mit einem

Handzeichen, dass sie nur so tun sollten. Einer ging hinaus und knallte die Haustür zu, nachdem er wieder leise hereingeschlichen war. Die nächsten fünf Minuten lang rührte sich keiner. Durch die Spannung und Stille konnte jeder nur sein eigenes Herzklopfen laut hören.

Auf einmal hörten wir ein Geräusch aus dem Keller. Ein Soldat rannte herunter, ein anderer rannte mit mir in den Hinterhof. Da sahen wir ihn auch, wie er gerade aus einem Loch schlüpfte, das vom Keller her kam. Wir rannten ihm hinterher. Die draußen wartenden Soldaten riefen ihm gemäß den Militärvorschriften zu, er solle stehen bleiben oder sie würden schießen, aber er floh weiter, so schnell er laufen konnte. Er rannte bis zur Hauptstraße. Wir kamen ihm immer näher und über Funk forderten wir den bereits wartenden Hubschrauber an. Wir waren noch ungefähr hundert Meter von ihm entfernt, da sahen wir, wie er auf einmal neben einer Frau mit einem Baby im Arm anhielt und sich zu uns umdrehte. Dann riss er ihr das Baby aus den Armen und überquerte die Straße in aller Ruhe, während die Mutter um Hilfe schrie. Wir wussten nicht, was er jetzt mit dem Baby vorhatte. Zunächst einmal senkten wir unsere Gewehre, die wir vorher auf ihn gerichtet hatten, weil wir nicht das Baby treffen wollten. Bei dieser Entfernung ist solch ein Gewehr nicht sehr genau. Der Terrorist wusste, dass israelische Soldaten nicht auf ihn schießen würden, solange er ein Baby im Arm hielt. Er ging mit großen Schritten rückwärts, während wir ihm nachliefen. Auf einmal warf er das Baby auf den Boden und rannte in ein fremdes Haus hinein. Ich weiß nicht mehr, was die anderen Fußgänger in diesen Momenten taten; ich habe nur noch die schreiende und weinende Mutter in Erinnerung. Wir rannten dem Terroristen weiter hinterher und gleichzeitig forderte ich über Funk einen Jeep an, der das Baby und die Mutter ins Krankenhaus fahren sollte. Der Terrorist floh durch den Hinterhof weiter zum Nachbarhaus, und dann hörten wir auch schon den Hubschrauber über diesem Haus kreisen. Auf einmal war der Terrorist verschwunden. Dann hörten wir Schüsse von oben, schauten, wohin sie gingen, und liefen in diese Richtung weiter.

Sofort danach kam unsere Verstärkung angefahren und holte uns blitzschnell aus diesem palästinensischen Viertel in Gaza heraus, bevor die Menschenmenge auf uns losging. Denn wir merkten schon, wie sie sich an den Straßenecken versammelt hatten.

Als wir mit dem gepanzerten Militärfahrzeug Gaza verließen, dankte ich Gott, dass wir wieder gesund und lebendig hier herauskamen. Leider war das kein einmaliger Fall und diese Art feige Taktik, Babys als menschliche Schutzschilde zu verwenden, wird von Terroristen oft eingesetzt.

Doron mit seinen Soldatenkameraden nach einem Einsatz.

Ich musste in diesem Moment an einen guten Freund vom letzten Militäreinsatz denken, der sich auch geweigert hatte, auf einen Terroristen zu schießen, weil dieser ein Baby auf dem Arm hatte. Aber in seinem anderen Arm hatte der Terrorist ein Gewehr, mit dem er auf meinen Freund schoss und traf. Dieser Schuss zerstörte einen wichtigen Nerv, weswegen mein Freund heute gelähmt in einem Rollstuhl sitzt. Er war in eine ähnliche Situation geraten und hatte auch nicht geschossen, weil das Risiko, das Baby zu treffen, zu groß war.

Für eine Armee wie die israelische IDF ist es fast unmöglich, eine Terrororganisation zu besiegen, weil Terroristen ganz andere »Spielregeln« haben. Sie verstecken sich absichtlich hinter Kindern und benutzen sie als Schutzschilde, weil sie wissen, dass wir Israelis dann nicht auf sie schießen werden.

Viele israelische Soldaten verloren auf diese Weise ihr Leben oder liegen verletzt in einem Krankenhaus oder sitzen gelähmt im Rollstuhl, weil sie keine unschuldigen Kinder oder Frauen beim Jagen eines Terroristen in Gefahr bringen wollten. Die Möglichkeit, sie zu treffen, wog schwerer als die Angst um ihr eigenes Leben.

Es tut mir und uns israelischen Soldaten deshalb schrecklich weh, wenn die Medien uns als Kriegsverbrecher darstellen, die ohne Weiteres auf palästinensische Kinder schießen. Dabei ist das Gegenteil der Fall – doch davon erfährt die Welt leider nichts, weil keine Journalisten dabei waren. Wenn wir später aus unserer Sicht über die Ereignisse berichten, dann glaubt man uns israelischen Soldaten nicht.

Dazu muss ich natürlich hinzufügen, dass es uns nicht immer gelingt, Unschuldige aus der Schusslinie herauszuhalten. Manchmal werden aus Versehen doch unschuldige Menschen verletzt, aber das tut uns allen leid und dafür entschuldigt sich Israel auch offiziell bei den Palästinensern. Ich weiß von vielen Operationen, die im letzten Moment gestoppt wurden, weil auf einmal Kinder ins Schussfeld kamen.

Mit Tränen in den Augen rufe ich in die Welt hinein und hoffe, auf willige Ohren zu stoßen: »Wir israelischen Soldaten sind keine Kriegsverbrecher! Wir tun alles, was in unserer Macht steht, um Unschuldige im feindlichen Lager zu verschonen.« Denn wir kämpfen nicht gegen die Palästinenser, sondern nur gegen ihre

Terroristen. Welche Armee auf dieser Welt hätte sich solch einen Zustand gefallen lassen, in dem täglich Raketen auf jüdische Wohnorte geschossen werden? Welche Armee hätte so gehandelt wie die israelische und sich die Terroristen buchstäblich mit einer Pinzette herausgepickt?

9. Das Geheimnis auf dem Schiff

Das Schiff konnte abgetäut werden, es war so weit. Nur wenige Minuten zuvor hatten wir den Auftrag erhalten, ein Schiff im Mittelmeer zu untersuchen, auf dem sich höchstwahrscheinlich Terroristen aufhielten. Drei Jahre schon diente ich auf einem Raketenschiff der israelischen Marine. Es war Juli 1986. Jeder war auf seinem Posten. Kaum war die Vertäuung entfernt, da schossen wir mit voller Geschwindigkeit ins Mittelmeer in Richtung Nordosten. Ich schaute zurück auf unseren Militärhafen in Haifa, aber er verschwand schnell in der Abenddämmerung.

Erst jetzt bekamen wir unsere Anweisungen und genaue Informationen über dieses schon länger gesuchte Terroristenschiff. Es sollte die Größe eines kleinen Dampfers haben und sehr alt sein. Angeblich waren zehn bis fünfzehn Terroristen auf dem Weg von Zypern nach Libanon, um dort Terrororganisationen gegen Israel auszubilden.

Es wurde immer dunkler und die Wellen stiegen langsam. Ich hatte meine Position im sogenannten »Machwen«. Das ist ein kleiner Kasten über der Schiffsbrücke, in dem zwei Personen Platz haben und der sich um 360 Grad drehen lässt. Wir walteten über die roten Knöpfe für den Abschuss von Raketen und Kanonen. Von dort steuerten wir auch die abgeschossenen Raketen mithilfe eines Steuerknüppels bis zum Ziel. Die 76-mm-Kanone hinten und der »Vulcan« vorne war auch in unserer Verantwortung. Wenn nicht geschossen wurde, suchten wir mit den eingebauten großen Ferngläsern nach verdächtigen Objekten am Horizont des Mittelmeeres. Im Machwen hatten wir beide immer frische Luft, aber bei hohen Wellen waren wir auch die Ersten, die pitschnass wurden.

Doron auf dem israelischen Marine-Schlauchboot beim Training.

Auf einmal hörten wir über Funk von einem Gummiboot mit vier Terroristen, das versuchte, an der nördlichen Grenze der Sicherheitszone zwischen Israel und dem Libanon an Land zu gehen. Ein kleineres israelisches Küstenpatrouillenschiff jagte den Terroristen nach und es kam zu einem Schusswechsel, als die Terroristen gerade an die Küste gelangten. Zwei israelische Marinesoldaten kamen bei diesem Gefecht ums Leben und elf wurden verletzt. Die vier Terroristen von der »Volksfront zur Befreiung Palästinas« (PFLP) kamen alle um und ihr Gummiboot wurde versenkt. Sie hatten einen teuflischen Terroranschlag in einer israelischen Schule in Nahariya geplant.

Zuerst meinten wir, es wären die von uns gesuchten Terroristen, doch wir irrten uns. Die Art des Schiffes und Menge der Terroristen stimmte nicht mit unseren Informationen überein. So fuhren wir weiter hinaus aufs dunkle Meer. Langsam näherten wir uns unserer Zielposition, wo wir auf das Schiff lauern sollten. Es war Halbmond. Wir stellten alle Motoren und Lichter auf dem Raketenschiff ab und platzierten das Schiff so, dass es keine Silhouette unter dem Mondlicht bildete. So waren wir fast unsichtbar.

Die Zeit verging langsam und das leise Schaukeln des Schiffes machte mich ein wenig schläfrig. Ich musste kurz meine Position im Machwen verlassen, um mich zu erfrischen. Meinem Kameraden gab ich den Auftrag, doppelt aufmerksam zu sein. Ich kletterte die schmale Metallleiter hinunter, die auf die Brücke führte, dann durch die schmale Tür hinein in das Schiff noch ein Stockwerk tiefer. Auf meinem Rückweg durchquerte ich das Kontrollzimmer mit den vielen Radaren und Computern. Da war richtig was los. Alle suchten auf den verschiedenen Bildschirmen nach dem kleinen verdächtigen Pünktchen, welches das Terroristenschiff sein sollte. Dauernd kamen neue Informationen hinein, welche die Operation erschwerten. Ich war noch im Kontrollzimmer, als jemand rief: »Das hier könnte es sein!« Ich schaute auf seinen Radarbildschirm auf den kleinen Punkt, auf den er zeigte, und merkte mir nur die Richtung. Schnell eilte ich wieder nach oben auf meine Position und drehte den Machwen mit dem Steuerknüppel in Richtung Norden. Das Radar hatte das Signal natürlich aus viel weiterer Entfernung aufgefangen, als wir sie mit bloßen Augen im Fernglas überblicken konnten, aber das hielt uns nicht davon ab, den Horizont jetzt schon nach dem verdächtigen Schiff abzusuchen. Die Radarleute meldeten, dass sich das Schiff in unsere Richtung bewegte. Es verging noch eine Weile, bis plötzlich etwas die gerade Linie des Horizonts unterbrach. Das musste es sein. Ich fragte über Funk noch einmal die genaue Richtung nach und sie stimmte. Wir hatten es gefunden. Dieses kleine Objekt in unserem Fernglas war noch über zwanzig Kilometer entfernt, aber wir konnten zuschauen, wie es immer größer wurde und auf uns zukam. Die ganze Mannschaft wurde mit einer Sirene alarmiert und jeder rannte zu seinem Posten und hielt sich bereit. Ich drehte die beiden Kanonen auf das Ziel und vergewisserte mich, dass sie auch geladen waren.

Es hätte auch eine Falschmeldung gewesen sein und sich herausstellen können, dass es ein harmloser Frachter war. Es war uns schon oft passiert, dass wir durch falsche Informationen ganze Nächte irgendwo gelauert hatten und mit leeren Händen heimgekehrt waren.

Die Entfernung zwischen dem Boot und uns verkleinerte sich auf zehn Kilometer. Langsam drehten sich wieder alle vier Motorschrauben immer schneller bis zur Höchstgeschwindigkeit, mit der wir dem mutmaßlichen Terroristenschiff jetzt entgegenkamen. Ob sie uns dabei sahen, wissen wir nicht. Wenige Minuten später konnten wir schon Leute auf dem Deck herumrennen sehen. Sie waren überrascht. Unsere Scheinwerfer erleuchteten das Schiff. Mit Funk und Lautsprechern kommunizierte unser Kapitän mit ihrem, während alle unsere Kanonen auf ihr Schiff zielten und ihnen ziemlich viel Angst einjagten. Das Schiff hatte eine Besatzung von fünfzig Mann und in den meisten Fällen wusste die Besatzung gar nichts von der Anwesenheit von Terroristen auf dem Schiff. Wir forderten den Kapitän und die ganze Mannschaft auf, die Terroristen preiszugeben. Wir sahen, wie es zu Streit und Handgreiflichkeiten auf dem Schiff kam. Dann hörten wir Schüsse. Ich bekam den Befehl, mit der Kanone einen Warnschuss in die Luft abzugeben. Ich zog den Steuerknüppel nach oben, die Kanone knallte laut und ein Feuerball hüllte das Kanonenrohr ein. Die Verhandlungen mit der Besatzung des anderen Schiffs dauerten nicht mehr lange, bis sie uns die Terroristen entsprechend unseren Anweisungen herüberschickten. Sie mussten sich bis auf die Unterhose ausziehen und selbst zum Heck unseres Schiffes schwimmen, weil es dort eine Leiter gab, an der sie hochsteigen konnten. Der Erste sprang herunter ins dunkle Meer, schwamm zu uns und kletterte zitternd vor Kälte die Leiter hoch. Sobald er mit dem Kopf über dem Deck war, bekam er erst einmal einen schwarzen Sack über den Kopf gezogen, damit er sich das Schiff nicht so genau ansehen konnte, und dann eine Wolldecke zum Wärmen. So kamen die Terroristen einer nach dem anderen zu uns herübergeschwommen. Jeder hatte in seiner Unterhose einen Stapel Dollarnoten. Wir hatten dem anderen Kapitän mit der Versenkung seines Schiffes gedroht, das hatte ihn dazu bewegt, diese Terroristen zu zwingen, sich zu ergeben. Wie er das fertiggebracht hatte, wissen wir bis heute nicht.

Nachdem der zwölfte Terrorist auf unser Schiff geklettert war und auch mit einem schwarzen Sack über dem Kopf und gefesselt abgeführt wurde, meldete der Kapitän, dass dies alle wären. Unser Kommandeur sprach mit der Hauptzentrale in Israel, um herauszufinden, ob die Aussage des Kapitäns der Wahrheit entsprach. Irgendetwas stimmte hier nicht, meinten sie. Es fehlten noch drei Terroristen. Bei dieser Information stimmten bisher alle Einzelheiten, bis ins kleinste Detail; so gingen wir davon aus, dass sich noch drei Männer auf dem Schiff versteckt hatten.

Es blieb uns nichts anderes übrig, als selbst hinüberzufahren und das Schiff zu durchsuchen. Einige Soldaten banden das Schlauchboot los, während ich mich mit weiteren Männern mit den passenden Waffen ausrüstete. Handgranaten, ein Kommandomesser am Bein, genug Magazine für die kurze M-16, Erste-Hilfe-Verbände und noch anderes. Wir sprangen in das Schlauchboot und rasten über die Wellen zum Dampfer. Für einen Moment kam ich mir wie ein Seeräuber vor, aber dann kehrte ich in die Realität zurück und überlegte mir, welche Fallen auf uns warten könnten. In Zusammenarbeit mit den schussbereiten Scharfschützen auf unserem Schiff kletterten wir auf das Deck des feindlichen Schiffes. Zwei Kämpfer übernahmen das untere Deck, zwei den Bug und zwei verhörten den Kapitän.

Die ganze Mannschaft hatte sich in ihren Kajüten verkrochen. Leise schlichen wir zwischen den aufgestapelten Containern hindurch, um Geräusche zu hören. Mit einem Spezialgerät, das wir an die Containerwand hielten, konnten wir jeden noch so leisen Atemzug hören. Zwei Stunden vergingen ohne Erfolg. Es war drei Uhr morgens, da tönte ein leises »Pst!« aus einer Ecke. Unsere Gewehre richteten sich sofort in diese Richtung, als plötzlich ein Mann mit erhobenen Händen auf uns zukam. Er hatte ein südamerikanisches Aussehen und versuchte, mit seinen gehobenen Händen auf einen gewissen schwarzen Container zu zeigen. Ich sprang auf ihn los, überwältigte ihn, legte ihm Plastikhandschellen an und klebte ihm den Mund mit breitem Klebeband zu. Obwohl er auf mich glaubwürdig wirkte, durfte ich kein Risiko eingehen, falls er log und uns in eine Falle führen wollte. Dann ging ich mit meinem Kameraden auf den verdächtigen Container zu. Ganz leise hefteten wir das Abhörgerät an die Wand. Wir hörten das Atmen von mehr als einer Person in dem verriegelten Container. Per Funk riefen wir leise die anderen zwei Soldaten zu uns, und auf mein Zeichen klopften wir mit einem Mal von allen vier Seiten mit unseren Gewehren auf die Metallwände. Das erschreckte die Insassen in dem Container so sehr, dass sie anfingen zu schreien. Dann hörten wir ein lautes »Allahu Akbar!« und ließen uns sofort zu Boden fallen, weil meistens danach eine Bombe hochgeht. Als dies aber nicht der Fall war, standen wir wieder auf und schossen auf das dicke Schloss. Dann forderten wir die darin befindlichen Personen auf Arabisch auf, die Tore von innen aufzustoßen, denn unsere Hände waren in schussbereiter Position. Das Tor öffnete sich und die drei gesuchten Terroristen kamen mit erhobenen Händen heraus. Auch ihnen legten wir Plastikhandschellen an, verbanden ihnen die Augen und führten sie hoch aufs Deck. Vorher rannte ich noch schnell zu dem Südamerikaner und band ihn los, damit er nicht als Verräter entdeckt wurde.

Die Scheinwerfer begleiteten uns während der Rückkehr auf dem Schlauchboot bis zu unserem Raketenschiff. Einer nach dem andern kletterte hinten auf unser Schiff.

Jetzt hatten wir alle fünfzehn Terroristen. Sie waren auf dem Weg in den Libanon, um dort neue Terroristen zu rekrutieren und professionell für Anschläge gegen Israel auszubilden. Die meisten unter ihnen hatten auch selbst schon an Anschlägen gegen Israel teilgenommen.

Ich weiß nicht, wie vielen Menschen in Israel durch diese Aktion das Leben gerettet wurde. Das weiß nur Gott allein.

Wenn es eine Zeit lang in Israel ruhig von Terroranschlägen oder Kriegen ist, dürfen wir uns nicht täuschen lassen und meinen, es sei wirklich ruhig. Die israelische Armee ist ständig mit solchen Operationen zur Terrorismusbekämpfung beschäftigt.

10. Überraschungsplan

Die Arbeit für den Sicherheitszaun, den die Medien eine »Mauer« nennen, obwohl in Wirklichkeit 95 % davon nur Zaun sind, war noch nicht beendet. Die fertigen Teile des Zaunes hatten noch einige größere Lücken. Aber das reichte schon, um den Terroristen den Übergang zu den israelischen Städten zu erschweren. Anderseits war es für uns israelische Soldaten so leichter, genau an diesen Stellen die Terroristen zu schnappen. Dies war unser Auftrag.

Für diese Sonderaktion wurden wir aus verschiedenen Militäreinheiten zum Reservedienst einberufen. Jeder von uns ließ seine Familie irgendwo in Tel Aviv, Jerusalem oder Ma'ale Adumim zurück. Es war fünf Uhr morgens und meine Frau und Kinder schliefen noch. Bevor ich das Haus verließ, gab ich allen einen Kuss auf die Stirn; dann ging ich leise. Draußen wartete schon ein Freund in Uniform im Auto, der mich zur Militärbasis fuhr.

Sorgfältig bereiteten wir unser neues Zuhause für die nächsten drei Wochen vor. Wir sahen uns dort zum ersten Mal, wir alle kamen aus verschiedenen Einheiten. Die Sonne prallte mit ihren

Strahlen auf unser Zelt. Vor Hitze lief uns der Schweiß am Körper herunter. Ich hatte mir gerade eines der metallenen Klappbetten aufgeschlagen und breitete meine dünne Matratze darauf aus. Ich legte mich aufs Bett, um ein paar Minuten Ruhe zu genießen. Doch dann verkürzten sich die »paar Minuten« auf eine Minute, als alle Offiziere zu den Jeeps gerufen wurden. Wir bekamen genaue Anweisungen und Karten mit den möglichen Wegen durch die Lücken im Zaun, wo Terroristen durchschlüpfen konnten. Dazu bekam ich auch eine Luftaufnahme von dem ganzen umliegenden Gebirge, in dem wir uns befanden.

Sprengstoffkoffer mit Mutterschrauben.

Ich hatte mir einen »Überraschungsplan« für die Terroristen ausgedacht. Die erste Nacht war immer die gefährlichste bei solchen Einsätzen, denn die Terroristen beobachteten uns von der anderen

Seite und verfolgten genau, wann wir Schichtwechsel hatten. Sie wussten, dass die neuen Soldaten noch nicht so eingespielt waren und das Gebiet noch nicht so gut kannten und die anderen sich schon auf den Heimweg freuten und deswegen nicht so wachsam waren. Deswegen studierte ich das Gebiet und die Karten haargenau, um meine Soldaten an den strategisch günstigsten Punkten zu verstecken, besonders an Orten, mit denen die Terroristen nicht rechnen würden.

Ich rief meine Soldaten zusammen und erklärte ihnen, dass wir diesmal etwas anders vorgehen würden als sonst. Wir würden die Soldaten eine Schicht früher ablösen, ohne dass jemand es bemerkte, und einige Soldaten entlang der Strecke verstecken. Ich würde mit der nächsten Wasser- und Essenslieferung für die jetzt wachenden Soldaten zehn der neuen Soldaten mitschicken. Sie sollten sich im Jeep klein machen und von draußen nicht sehen lassen. Dann würde der Jeep an den fünf von mir angekreuzten Orten auf der Karte anhalten, und zwar so, dass jeweils ein Soldat aus der Hecktür schlüpfen konnte, um sich im nächsten Gebüsch zu verstecken. Dort sollte er sich einen strategisch günstigen Aussichtspunkt über ein größeres Gebiet suchen und auf die langsam anbrechende Dunkelheit warten.

An den Wachposten trugen jeweils zwei Soldaten den Wasserkanister zu den Wächtern, und statt wieder zurückzugehen, schickten sie die beiden Wachsoldaten zum Jeep zurück. So konnte man als Beobachter nicht wissen, dass der Schichtwechsel schon stattgefunden hatte. Dann fuhren wir bei Sonnenuntergang mit dem Jeep zurück zum Lager. Wir machten uns ein wenig über die Terroristen lustig, die wir durch unseren früheren Schichtwechsel irritiert hatten und die auch nicht wussten, dass wir zusätzliche Soldaten an unerwarteten Orten versteckt hatten.

Als es schon dunkel war, ging ich zu Fuß zu einem Wachposten. Ich wollte die Gegend besser kennenlernen und bei meinen Soldaten sein. Wir saßen zu dritt beisammen und genossen einen kleinen türkischen Kaffee, schauten aber alle in die Landschaft hinein, um irgendwelche verdächtigen Bewegungen oder Aktivitäten zu entdecken. Um uns herrschte eine idyllische Stille. Ab und zu rief der Muezzin aus der Moschee. Ein kleiner Wald mit niedrigen Kiefernbäumen lag links von uns, ein offenes Gebiet mit kleinen stacheligen Büschen lag auf der rechten Seite, und weit dahinter lag die arabische Stadt Dschenin.

Einer der versteckten Soldaten zwischen den Wachposten bemerkte mit seinem Nachtfernglas plötzlich eine Gruppe von drei bewaffneten Männern, die auf ihn zukamen. Sie krochen zum Teil auf dem Boden, und dann wieder kamen sie mit schnellen Schritten gebückt immer näher. Sie waren noch nicht ganz bei ihm, aber schon so nahe, dass er uns nicht mehr über Funk warnen konnte, sonst hätten sie ihn hören können. Dann bekam ich auf einmal eine SMS von ihm: »3 Terroristen zwischen mir und euch auf 9 Uhr«. Wir luden schnell unsere Maschinengewehre und drehten uns in die angegebene Richtung, wo die Uhr auf 9 Uhr zeigt. Ganz ruhig ließen wir sie näher kommen. Sie wussten nicht, dass wir zu dritt sind und dass ein weiterer Soldat sich hinter ihnen befand und auf meinen Angriffsbefehl wartete. Ich lief ein Stück voraus und versteckte mich hinter einer großen verrosteten Tonne. Wenn sie jetzt noch etwas weiter zu uns kommen, dann haben wir sie eingekesselt, dachte ich. Und so geschah es auch, nur ein paar Minuten später. Alle drei Terroristen hatten eine russische Kalaschnikow und einen Rucksack auf dem Rücken, der wahrscheinlich mit Sprengstoff gefüllt war. Deswegen mussten wir beim Schießen aufpassen, um nicht die Rucksäcke zu treffen, weil wir nicht wussten, wie stark der Sprengstoff war.

Es konnte losgehen. Ich gab den Befehl und meine Männer schossen ihnen von allen drei Seiten auf die Beine. Sie erwiderten das Feuer. Wir gingen in Deckung und schossen wieder, aber als sie merkten, dass sie umzingelt waren, ergaben sie sich und hoben die Hände. Dann warfen sie ihre Waffen auf den Boden und nahmen langsam nach unseren Anweisungen ihre Rucksäcke ab. Wir kamen mit dem Gewehr im Anschlag auf sie zu, fesselten ihnen die Hände und Füße und verbanden ihnen die Augen mit einem Tuch. Zwei von ihnen konnten nicht mehr stehen, weil sie durch die Schüsse Beinverletzungen hatten. Ein Sanitäter kam und verband ihre Wunden. In ihren Rucksäcken fanden wir drei knopfdruckbereite Sprengstoffgürtel für Selbstmordattentäter. Diese drei Palästinenser wollten diese mörderischen Gürtel nach Israel bringen, damit drei Selbstmordanschläge auf Israelis ausgeführt werden konnten.

Kurz darauf kam noch Verstärkung hinzu sowie der Schin Bet (Inlandsgeheimdienst), um die Terroristen auszufragen und herauszufinden, mit wem sie arbeiteten und wer auf die Gürtel wartete und wo? Das war der Grund, warum wir in solchen Fällen immer nur auf die Beine schießen. Die Terroristen verraten uns, mit wem sie zusammenarbeiten und wer sie geschickt hat, und so baut sich der israelische Sicherheitsdienst ein Bild vom nächsten Anschlag zusammen, um ihn zu vereiteln.

Wer jetzt meint, dass meine Soldaten eine Belohnung für diesen »Fang« bekamen, der täuscht sich. Sie blieben weiter an ihren Wachposten und alles war wieder wie vorher. Denn solche Vorfälle passieren mindestens ein oder zwei Mal in der Woche. Von den meisten erfährt die Presse nichts, aber die Versuche, Terroranschläge gegen Israel auszuführen, sind im vollen Gange und gehören zum militärischen Alltag in Israel.

Ich schloss kurz die Augen, um dem Herrn für seine Bewahrung zu danken. Das Ganze hätte auch ganz

Betender Soldat.

anders ausgehen können. Nachdem ich Amen gesagt hatte, sah ich den anderen Soldaten nicht mehr neben mir. Ich schaute mich um und sah, wie er in Tefillin[6] neben dem Panzer stand und ebenfalls ein Gebet sprach.

In derselben Woche schnappten wir zwei weitere Palästinenser, die zwei Sprengstoffkoffer nach Israel bringen wollten. Der Sprengstoff in diesen Koffern war mit vielen Tausenden Mutterschrauben bestückt, damit bei der Explosion so viele Israelis wie möglich umkamen und verletzt wurden.

»Askalon wird es sehen und schaudern, und Gaza wird sehr erzittern, auch Ekron, weil seine Hoffnung zuschanden geworden ist; und der König wird aus Gaza vertilgt, und Askalon wird unbewohnt bleiben. (...) Ich will den Stolz der Philister brechen; und ich will sein Blut aus seinem Mund wegschaffen und seine Gräuel zwischen seinen Zähnen, so dass auch er unserem Gott übrigbleiben und sein soll wie ein Geschlecht in Juda.« (Sacharja 9,5-7). Obwohl es das Volk der Philister heute nicht mehr gibt, herrscht der Geist der Philister weiterhin in all denen, die das Volk Israel durch Gewalt vernichten wollen. Gott verheißt uns, dass eines Tages ihre brutalen Anschläge gegen Israel aufhören und sie auch an den Gott Israels glauben werden. Dann werden sie sogar mit in Jerusalem regieren.

11. Auf der Suche nach dem gefallenen Piloten

»Am 16. Oktober 1986 stürzte der israelische Pilot Ron Arad im Verlauf eines Bombenangriffs auf eine PLO-Terrorbasis mit seiner F-4-Phantom über Sidon im Libanon ab. Von den beiden Besatzungsmitgliedern, die sich mit den Schleudersitzen hatten retten können, konnte der Pilot in Sicherheit gebracht werden. Der Navigator Arad hingegen gilt seitdem als vermisst und war in der

Folgezeit Gegenstand verschiedenster indirekter Verhandlungen zwischen Israel und der Hisbollah, zum Teil unter Vermittlung bundesdeutscher Geheimdienste. Israel geht davon aus, dass Arad von der schiitischen Miliz Amal gefangen genommen wurde.«[7]

Wie die Geschichte um Ron Arad ausgehen würde, wussten wir am frühen Abend des 16. Oktobers noch nicht. Unser Schiff hieß INS-»Romach« (»Lanze«) und war Israels größtes Kriegsschiff; es war gleichzeitig auch schmal und gefährlich wie eine Lanze. Es war mit Raketen gegen Luft- und Bodenangriffe geladen. Hinten hatten wir eine 76-mm-Kanone und vorne einen sogenannten 20-mm-»Vulcan« mit hydraulischem Antrieb, sechsläufiger Maschinenkanone und elektrischer Abfeuerung. Wir patrouillierten mit einem gewissen Abstand an der libanesischen Grenze entlang, um die Operation von der Meerseite her zu decken.

Sobald die Nachricht über den Absturz des israelischen Kampfflugzeuges durchgestellt wurde, rannte jeder von unseren fünfzig Marinesoldaten an seinen Posten. Die Suche nach Ron Arad begann. Es war spät in der Nacht und wir näherten uns ohne Beleuchtung der libanesischen Grenze bei Sidon. Der Flieger war angeblich irgendwo vor der Mittelmeerküste abgestürzt und der vermisste Ron Arad mit dem Schleudersitz dem Flugzeug entkommen. Deshalb nahmen wir an, er dürfte nicht allzu weit entfernt sein. Wenn er mit dem Fallschirm an der Küste gelandet war, wären seine Überlebenschancen sehr gering, denn dort wimmelte es nur von Hisbollah-Terroristen, die schon begonnen hatten, die Küste abzusuchen.

Die Zeit spielte gegen uns. Wir mussten ohne Licht fahren und konnten auf der Seite zur Küste auch keine Scheinwerfer zum Suchen einschalten, damit wir nicht von der Küste her entdeckt wurden. Unser Geheimdienst hörte die libanesischen Funkgeräte ab und fand heraus, dass die Hisbollah von der Küste aus ein israelisches Kriegsschiff suchte. Sie wussten, dass wir solch eine Operation nicht ohne Marineschiffe als Begleitung ausführen würden.

Israelisches Marineschiff.

Die Hisbollah ist schon lange keine einfache Terrororganisation mehr, sondern eine Terrorarmee. Sie besitzt nicht nur moderne militärische Ausrüstungen, sondern auch Zigtausend Soldaten, die sich als Märtyrer geehrt fühlen würden, bei einem Kampf gegen Israel zu sterben. Solche Terrorarmeen sind schwierig zu bekämpfen, weil sie andere »Spielregeln« als eine reguläre Armee haben. Sie haben ihre Waffenlager und Abschussrampen neben Schulen und zivilen Wohngebieten platziert.

Auf einmal hörten wir ein lautes Sausen über unseren Köpfen und dem Schiff. Es waren Kanonenschüsse, die von der Küste auf uns gerichtet waren. Der Kapitän drehte die »Lanze« in Küstenrichtung und gab mir sofort den Befehl, die Feuerquelle auf der Küste ausfindig zu machen und mit der 76-mm-Kanone zurückzuschießen. Ich dankte Gott für die Bewahrung, denn hätte diese Kanone eine unserer Raketen oder einen Benzinbehälter getroffen, hätte es eine Kettenreaktion von Explosionen auf dem Schiff geben können. Nur wenige Minuten nach meinem Dankgebet schossen die Hisbollah-Soldaten an der libanesischen Küste wieder auf uns, und ich sah an dem Feuerfunken den genauen Standort der Kanone – das war mein Ziel. Ich hob den kleinen Schutzdeckel des roten Knopfes zum Abschuss, drehte die Kanone aufs Ziel, genau in die Mitte des Kreuzes, und schoss fünf Kanonen auf die libanesische Küste bei Sidon. Wegen der noch großen Entfernung konnten wir erst nicht genau festlegen, ob das Ziel getroffen wurde, aber dann sahen wir eine Explosion. Die erste Kanone war getroffen. Es war wieder ruhig und wir konnten weiter nach dem Piloten suchen, der vielleicht draußen im kalten Meer versuchte, uns seinen Standort zu signalisieren.

Wieder wurden wir mit Kanonen angegriffen. Ich sah, wie auf einmal ein Dutzend Hisbollah-Kanonengeschosse über unser Schiff flogen. Gott sei Dank hatte uns auch dieses Mal keine von ihnen getroffen. Ich hatte das Gefühl, als wäre eine unsichtbare Mauer um unser Schiff und die Schüsse des Feindes würden alle daran abprallen.

Ich erwiderte das Feuer auf die Küste, während die Mannschaft weiter nach Ron Arad suchte, bis ein Befehl von unserem Hauptquartier in Haifa kam, wir könnten zurückkehren, weil der Navigator mit dem Fallschirm im Libanon doch an Land gelandet war. Das war eine Erleichterung für unser Schiff, aber wir konnten uns nicht freuen, weil wir wussten, wie diese Terroristen mit einem israelischen Soldaten umgehen würden, falls sie ihn fanden.

Libanon lag in unserem Rücken und die »Lanze« war wieder in Richtung Haifa abgedreht, als unsere Radargeräte ein nicht identifiziertes kleines Boot entdeckten, das sich uns näherte. Vielleicht gehörte es den Hisbollah-Terroristen, die jetzt versuchten, mit einem Sprengstoffboot Schaden an unserem Kriegsschiff anzurichten. Alle rannten wieder an ihre Posten und wir änderten den Kurs auf das neue Ziel hin. Wir kamen ihm immer näher. Jetzt konnte ich es schon mit dem Fernglas sehen; es war eine kleine Yacht. An

Deck waren keine Menschen zu sehen. Sämtliche Beleuchtungen auf dem Kriegsschiff wurden wieder ausgeschaltet und langsam glitten wir dem verdächtigen Boot entgegen. Alle Kanonen samt den bewaffneten Soldaten an Deck waren auf die Yacht gerichtet. Mit Herzklopfen und Spannung warteten wir auf den Befehl. Wir kamen immer näher, und als nur noch zwanzig Meter zwischen uns lagen, richteten wir mit einem Mal zwei große Scheinwerfer auf die Yacht. Mit Lautsprechern riefen wir ihnen zu, sie sollten an Deck kommen und sich identifizieren. Es tat sich nichts auf der Yacht. Wir warteten. Dann auf einmal kam ein Mann mit kurzen Hosen und erhobenen Händen heraus. Er sah nicht nach einem Terroristen aus. Er zeigte auf den Lautsprecher neben sich und bat uns um Erlaubnis, ihn in seine zitternden Hände zu nehmen. Er sprach uns auf Deutsch an, und als wir feststellten, dass er kein Englisch sprach, wurde ich als einziger Deutschsprachiger auf unserem Schiff zur Brücke gerufen. Ich übergab einem anderen Soldaten die Kontrolle über die Vulcan-Kanone und stellte ihm viele Fragen: Woher er kommt, was er hier sucht und vieles mehr. Mittlerweile kam auch eine Frau an Deck, wahrscheinlich seine Ehefrau. Wie sich im Lauf des Gesprächs herausstellte, waren die beiden auf einer romantischen Yachtfahrt gewesen und hatten nichts von den Kanonenschüssen zuvor mitbekommen. Sie waren also keine Hisbollah-Terroristen und konnten bald wieder ihre Romantik fortsetzen. Vorher warnte ich sie noch vor den Gefahren an der libanesischen Küste und wünschte ihnen alles Gute. Das Ehepaar stand wie versteinert auf dem Deck, als unser Schiff sich wieder von ihnen entfernte. Es sah so aus, als hätten sie nicht damit gerechnet, lebend aus dieser Situation herauszukommen. Nicht alle Tage wird man von einem Kriegsschiff gestoppt, das alle Waffen auf einen ausgerichtet hat.

Als wir im Hafen von Haifa ankamen und das Schiff vertäut hatten, gab es noch eine Besprechung, und dann war die ganze Mannschaft in ihren Betten versunken.

Erst viele Jahre später wurde das Schicksal des Navigators Ron Arad bekannt. Nachdem Arad in die Hände der libanesischen Amal-Miliz in Beirut geraten war, forderten sie Geld, Waffen und einen Häftlingsaustausch für seine Rückgabe. Dann entführte der Libanese Mustafa al-Dirani den Israeli und versteckte ihn im Bekaa-Tal. Mit seinem Gefangenen lief Dirani dann von der Amal-Miliz zur Hisbollah über. Anfang 1988 wurde Arad im Bekaa-Tal in einem kleinen Dorf im Namen Nabi Schith versteckt, wo er vom Schukur-Klan bewacht wurde. Doch als die israelische Luftwaffe in der Nacht zum 5. Mai das Gebiet bombardierte, flüchteten die Wachen. Arad blieb in einem Verhau versteckt. Am nächsten Morgen, als der Schukur-Klan zurückkehrte, war der Gefangene verschwunden. Mustafa al-Dirani, den ein israelisches Geheimkommando 1994 aus dem Südlibanon entführte, sagte damals aus, er habe sich mit einem Anführer der Revolutionswächter aus Teheran beraten und vermutet, dass die Milizen Arad abgeholt und nach Teheran gebracht hatten. Arad, so heißt es im Bericht des Militärkomitees, sei zwischen 1993 und 1997 verstorben. Seit 1995 habe es kein einziges Anzeichen mehr gegeben, dass Arad am Leben sein könnte.

Am wahrscheinlichsten ist es, dass Arad 1995 schwer krank zurück ins Bekaa-Tal geschafft wurde. Die Revolutionswächter wollten ihn anscheinend loswerden, weil er krank war. Im Bekaa-Tal soll er nach Angaben der Hisbollah bei einem Fluchtversuch umgekommen sein. Seine Leiche hätten Mitglieder der Miliz verscharrt.

Eine der Grundregeln des Militärs lautet, dass ein Jude nicht auf feindlichem Terrain zurückgelassen werden darf, ob tot oder lebendig. Deshalb kam es nicht infrage, Arad für tot zu erklären, ohne seine Leiche gefunden zu haben oder sein Grab zu kennen. Auch heute noch, viele Jahre nach seinem Absturz, klebt auf vielen israelischen Autos ein Sticker mit dem Spruch: »Ron Arad – la-Chofesch nolad« – »Ron Arad – für die Freiheit geboren«.

12. Im Gefängnis mit dem »Grünen Prinzen« (Sohn der Hamas)

Jeder israelische Mann muss drei Jahre (vom achtzehnten bis zum einundzwanzigsten Lebensjahr) zur Armee, die israelischen Frauen nur zwei Jahre. Danach müssen die Männer jedes Jahr weitere dreißig Tage Reservedienst leisten, bis zum Alter von vierzig Jahren. Als ich meine drei Jahre in der Marine beendet und als die Intifada begonnen hatte, wurden wir von Marinesoldaten umgeschult zur Infanterie.

Die palästinensische Intifada hatte sich übers ganze Land ausgebreitet und die Soldaten, die ihren dreijährigen Dienst noch nicht beendet hatten, kamen nicht mehr dazu, für die Verteidigung gegen feindliche Armeen zu trainieren, weil sie ständig zu den Intifada-Angriffen innerhalb Israels mussten. Dafür musste Israel viele Reservesoldaten einberufen, die sie ablösen sollten. Die ersten Jahre des Reservedienstes verbrachte ich oft in Hebron. Dort suchten wir die Anführer der Intifada, überstellten sie dem Inlandsgeheimdienst Schin Bet (offizieller Name: Schabak). Von dort wurden sie vor Gericht gebracht, das sie dann ins Gefängnis schickte. Die meisten Terroristen wurden zum Hochsicherheitsgefängnis in Megiddo, mitten im Jesreeltal, gebracht.

Als ich 1996 einmal wieder den Briefkasten leerte und meine Post durchging, entdeckte ich den braunen Brief, den wir immer bekommen, wenn wir zur Armee einberufen werden. Ich sollte nächste Woche an einem Treffpunkt im Jesreeltal antreten. Dieses Jesreeltal ist das gewisse biblische Tal »Harmagedon«. Mein erster Gedanke war, ob es schon so weit wäre, dass Israel sich auf diese Endzeitschlacht vorbereiten musste und ich deswegen dorthin gerufen wurde? Waren diese Intifada-Aufstände im ganzen Land schon die in der Bibel beschriebenen »Geburtswehen des Messias«? »Wenn die Menschen sagen: ›Überall herrschen Frieden und Sicherheit‹, dann wird die Katastrophe so plötzlich über sie hereinbrechen, wie eine Frau vor der Geburt ihres Kindes von den Wehen überwältigt wird. Und dann wird es kein Entkommen geben.« (1. Thessalonicher 5,3).

Ich kam mit großer Spannung zum Treffpunkt. Dort bekamen wir erst einmal unsere M-16-Maschinengewehre und mussten ein paar gewöhnliche Schießübungen absolvieren. Dann wurden wir zu einem Gespräch zusammengerufen, bei dem uns unser Auftrag in Israels größtem und gefährlichstem Hochsicherheitsgefängnis bekanntgegeben wurde. Zu dieser Zeit waren schon über 5000 Palästinenser wegen Beteiligung an Intifada-Angriffen gegen Israelis inhaftiert. Die Verwaltung im Gefängnis verlief unter der israelischen Militärpolizei, aber wir mussten die eingesperrten Terroristen und Unruhestifter bewachen. Wir bekamen strenge Anweisungen, wie wir mit den Häftlingen umgehen sollten, denn die Vertreter des Roten Kreuzes besuchten sie fast jeden Tag, um zu kontrollieren, ob sie von den Israelis auch der Menschenrechtskonvention entsprechend behandelt wurden.

Jeden Sonntag kam der Lkw mit Milchprodukten für die Häftlinge an. Er parkte sehr dicht am Tor, wo die dafür bestimmten Häftlinge dann hinausdurften, um die neue Ladung abzuholen. Wir standen schwer bewaffnet um sie herum und bewachten die Situation. Die israelische Milchfirma »Tnuva« lieferte ihnen wöchentlich frische Milch, Käse und Joghurt. Unsere Aufgabe war es, die Häftlinge beim Hineintragen zu bewachen und den israelischen Lkw-Fahrer zu beschützen. Hunderte Kartons wurden vom Lkw entladen, als plötzlich einer der Joghurtbecher aus Versehen auf den Boden fiel und auslief. Das war der Moment, in dem die Häftlinge plötzlich geschlossen mit ihrer Arbeit aufhörten und sich stur weigerten, die restlichen Milchprodukte ins Gebäude zu tragen. Sie blieben einfach mit den Händen in den Taschen stehen. Sie forderten einen Ersatz für den ausgelaufenen Becher. Wir wussten nicht, was wir jetzt tun sollten. Die Ladung war genau abgezählt und deshalb war kein Ersatzbecher im Lkw zu finden. Die Militärpolizisten versuchten, die Häftlinge zu überzeugen, dass es bei so vielen Tausenden Joghurtbechern doch nicht auf den einen ankam. Die Häftlinge spielten mit unseren Nerven und unserer Geduld, weil sie genau wussten, dass wir unsere Gewehre nur bei Lebensgefahr verwenden durften. Es war nichts zu machen, sie weigerten sich weiterzumachen und drohten mit einer Meldung beim nächsten Besuch des Roten Kreuzes. Das wollten wir Israelis nicht, weil wir dann am folgenden Tag in der Zeitung lesen würden, dass Israel den palästinensischen Häftlingen nicht genug zu essen gibt und damit ihre Menschenrechte verletzt. Es wurde so lange herumdiskutiert, bis ich einen unserer Soldaten in die Küche schickte, um einen gleichen Joghurt aus unserem eigenen Vorrat zu holen. Danach konnte die Arbeit weitergehen und die Häftlinge trugen alle Milchprodukte wieder in ihre Zelte und Zellen.

Mit solchen kleinen Vorfällen wie mit diesem einen Joghurtbecher werden sehr oft die Medien manipuliert und »aus einer Mücke ein Elefant gemacht«, der Israel in ein negatives, brutales Licht stellt. Deshalb sollte man sich beim Lesen von Artikeln, in denen Israel als ein die Menschenrechte verletzender Staat dargestellt wird, gut überlegen, ob es nicht auch hier nur um einen Joghurtbecher ging. Für viele Medien ist das oft ein nützliches Mittel für antiisraelische Propaganda.

Als der Abend anbrach, teilte ich die Soldaten in ihre verschiedenen Wachschichten und auf ihre Wachtürme ein. Jeder musste je Schicht vier Stunden wachen, bis er abgelöst wurde. Wir kampierten draußen im Freien in einem Zeltlager, genau wie die meisten Häftlinge auch. Diese drei Wochen lebten wir unter sehr ähnlichen Bedingungen wie sie. Doch ihre Mahlzeiten waren meist besser als unsere, weil sie zusätzlich zu dem, was sie von der Gefängnisbehörde bekamen, noch Kuchen und Getränke bei ihren Verwandtenbesuchen erhielten.

Die ersten Nächte verliefen ruhig und meine Soldaten hielten ihre Posten. Ab und zu besuchte ich sie in der Nacht, um dafür zu sorgen, dass keiner einschlief. Denn darauf warteten manche der Häftlinge nur. Als ich die rostige schmale Eisenleiter auf einen dieser Wachtürme hochkletterte, gab der diensthabende Soldat mir ein Zeichen, ich solle leise hochkommen. Er hatte nämlich etwas Verdächtiges entdeckt. Es war vier Uhr morgens, wo alle schlafen sollten, aber in einem ihrer Zelte direkt unter dem Turm gab es Bewegungen. Der Wachsoldat behauptete, er hätte Grabgeräusche gehört, so als würden die Häftlinge einen Tunnel buddeln. Wir konnten nur die Bewegungen von Schatten hinter den Zeltplanen sehen, aber nicht, was da eigentlich vor sich ging. Dann wurde es unten auf einmal wieder ruhig und die Lichter gingen aus. Vielleicht hatten sie bemerkt, dass wir sie beobachteten.

Um vier Uhr dreißig wurde zum Morgengebet gerufen. Ich wartete bis sechs Uhr, dann befahl ich eine Untersuchung in diesem verdächtigen Zelt. Acht Soldaten traten in voller Ausrüstung an und die Militärpolizisten schlossen uns die Tore zu den Zelten der Hamas-Häftlinge auf. Wir marschierten in Richtung des verdächtigen Zeltes, in dem zwanzig Häftlinge mit dem Rücken zu uns auf ihren Betten saßen. Jetzt tat ich etwas Ungewöhnliches: Ich sagte ihnen, sie sollten sich umdrehen und aufstehen, weil ich ihnen in die Augen schauen wollte. Der Polizist, der normalerweise die Zählung durchführte, schaute mich fragend an und wusste nicht, wer hier die Verantwortung übernahm, falls die Situation außer Kontrolle geraten sollte. Ich beruhigte ihn mit einem ernsten Blick. Meine Soldaten standen strategisch in Position und zwei von ihnen gingen mit mir durch die Reihen. Ich schaute mir erst einmal die Leute an. Ich schaute ihnen in die Augen und versuchte abzulesen, was sie dachten. Dann kam ich zu einem gewissen Häftling namens Mosab Yousef, dem »Grünen Prinzen« (ein Deckname – grün wegen der Farbe der Hamas-Flagge, Prinz aufgrund seiner Zugehörigkeit zur Familie eines Hamas-Scheichs). Ich schaute auch in seine Augen, aber sein Blick war anders als der der restlichen Häftlinge. Während die anderen mich mit einem hasserfüllten Blick ansahen, strahlte aus ihm etwas anderes.

Ich konnte diesen Blick zu dieser Zeit noch nicht genau deuten, denn es war im Jahr 1996, lange bevor er sich zu Jesus bekehrte. Erst als ich sein Buch »Sohn der Hamas« las, in dem er seine Bekehrung beschreibt, kamen mir seine Augen, dieser »andere Blick«, wieder in den Sinn. Jetzt verstand ich, weshalb er mich nicht so hasserfüllt angesehen hatte. Er hatte ein weiches Herz und Jesus hatte damals schon begonnen, an seinem Herzen zu arbeiten. »Ich hätte ein Held werden und mein Volk stolz auf mich machen können... Stattdessen wurde ich in den Augen meines Volkes zum Verräter«[8], schrieb er einige Jahre später in seiner Autobiografie. Ihm gefielen die mörderischen Taktiken der Hamas gegen israelische Frauen und Kinder von Anfang an nicht, und deshalb war es für den Schin Bet relativ einfach, aus ihm einen Informanten zu machen. Aufgrund seiner Informationen wurden zahlreiche Terrorzellen ausgehoben, Mordpläne gegen israelische Regierungsvertreter aufgedeckt und viele Selbstmordanschläge verhindert. Interessant war für mich herauszufinden, dass Yousef im Jahr 1978 am gleichen Tag geboren wurde, als ich mit zehn Jahren nach Israel kam.

Dann durchsuchten wir weiter das Zelt, besonders unter den Teppichen und Betten, aber wir fanden keine Spuren von einem Tunnelbau. Fünf von ihnen sollten mit uns kommen. Ich wollte, dass sie befragt werden. Unter ihnen war auch Yousef. Die Militärpolizisten führten sie in getrennte Räume und befragten jeden separat, ob sie etwas über einen Tunnel wüssten. Nach einigen Stunden erfuhren wir von ihnen, dass diese Tunnelgeräusche nur ein Ablenkungsakt waren. Wovon aber diese Aktion ablenken sollte, wussten sie nicht, denn sie hatten den Befehl dafür direkt von den Hamas-Anführern im Gefängnis bekommen. In israelischen Gefängnissen durfte jede Palästinenserorganisation ihre eigenen Leute beaufsichtigen. Damit sollten soziale Probleme verringert und Konflikte zwischen den einzelnen Gruppen selbst gelöst werden. Aktionen wie mit dem angeblichen Tunnelbau waren nicht selten, um die Rangordnung in den eigenen Reihen zu klären. Die Hamas unterdrückte ihre eigenen Leute mit brutalen Folterungen, wie zum Beispiel, ihnen Nadeln unter die Fingernägel zu schieben, Plastik auf ihrem nackten Körper zu schmelzen und ihnen das Körperhaar abzubrennen.

Das Leben in solch einem Gefängnis ist nicht einfach. Dort befinden sich die schlimmsten Terroristen, manchmal aber auch nur Steinewerfer. Die Gefahr besteht darin, dass dort nach kürzester Zeit auch die »harmlosesten« Widerstandskämpfer zu professionellen Terroristen geschult werden.

Für mich als Israeli und an Jesus gläubigen Juden war der Militärdienst dort im Hochsicherheitsgefängnis bei Megiddo besonders schwierig. Ich spürte zusätzlich zu dem menschlichen Hass gegen mich als Israeli auch einen enormen geistlichen Angriff. In diesem Gefängnis kam der fanatische Islam und sein Hass gegen Israel und den Gott Israels sehr deutlich zum Ausdruck. Wir wurden den ganzen Tag über von den muslimischen Häftlingen mit schlimmen Flüchen beschimpft. Vierundzwanzig Stunden am Tag stand einer der Häftlinge an einem zentralen Ort zwischen den Zelten, und seine Aufgabe war es, uns Israelis zu verfluchen. Jede Stunde wurde er von einem anderen Häftling abgelöst. Eine dunkle Wolke, die Mächte der Finsternis, überdeckten dieses Gefängnis. Jedes Mal, wenn ich von zu Hause wieder dort hinkam, spürte ich die geistliche Unterdrückung, sobald ich durch die Tore des Gefängnisses trat. Es hatte Einfluss auf mein Verhalten, ich wurde schnell ärgerlich, fand keine Zeit mehr zum Bibellesen und war innerlich ganz aufgewühlt. Als ich das Gefängnis wieder verließ, war ich wieder erleichtert. Was war das?

Diese heftigen Flüche gegen uns Israelis hatten dämonische Kraft. Deswegen musste ich mich täglich unter das Blut von Jesus

Christus stellen. Wenn ich das tat, sah der Tag dort ganz anders aus und ich stellte fest, dass die feurigen Pfeile der Flüche an meiner Schutzmauer abprallten. Jesus ist Sieger. Wenn wir uns unter sein teures Blut stellen, kann der Feind Gottes nicht an uns heran und wir sind geschützt.

Denn dem Satan ist jedes Mittel recht, um Gottes Heilsplan durch die Wiederherstellung Israels zu verhindern. Deswegen versucht er mit allen Mitteln, Israel zu vernichten, ob durch Intifada, Kriege seitens der moslemischen Nachbarstaaten oder die weltliche Deligitimation des Staates Israel. Im Jahr 2001 hatte der damalige israelische Ministerpräsident den Palästinensern 97 % aller Gebiete inklusive Jerusalem angeboten. Aber Arafat verweigerte dieses Angebot, nicht wegen der fehlenden drei Prozent, sondern weil er dann Israel als jüdischen Staat hätte anerkennen müssen. Das erlaubt der Islam nicht. Nach islamischem Recht muss ein Land, das einmal unter islamischer Herrschaft gestanden hat – wie das Gebiet des heutigen Israel zuletzt unter den Osmanen – unter allen Umständen islamisch bleiben oder gegebenenfalls wieder für den Islam erobert werden. Deswegen werden die radikalen Gruppen nicht ihre Waffen niederlegen, bis die Juden das Land verlassen haben oder Menschen zweiter Klasse unter muslimischer Herrschaft geworden sind. Wenn das so kommen sollte, hieße das ein Ende der Wiederherstellung Israels.

Die Bekehrung von Mosab Yousef, dem Sohn eines Hamas-Anführers, gab mir Hoffnung und den Glauben, dass Gott eines Tages auch die Feindseligkeit und den schweren Hass vieler Muslime zerbrechen kann und wird. So wie sich die Verheißungen für Israel erfüllen werden, so werden sich auch die Verheißungen aus Sacharja 9,6-7 hoffentlich bald erfüllen: »Auf diese Weise mache ich dem Hochmut der Philister ein Ende. Ich werde das blutige Fleisch aus ihrem Mund reißen und die abscheuliche Nahrung zwischen ihren Zähnen entfernen. Doch die überlebenden Philister werden unserem Gott gehören und als neues Geschlecht in Juda aufgenommen werden.« Auch wenn die heutigen Palästinenser nicht direkt von den damaligen Philistern abstammen, haben sie dennoch denselben Geist der Feinde Israels von damals übernommen, der schon zu Zeiten König Davids versuchte, das Volk Gottes auszurotten.

Sie werden es nicht schaffen. Nein, Gott der Herr wird alle Brutalität, allen feigen Terrorismus »aus ihrem Mund reißen und die abscheuliche Nahrung zwischen ihren Zähnen entfernen«. Danach werden die Araber wie Stammhäupter[9] in Juda sein, sie werden also mit den Israelis in Jerusalem regieren. Aber erst nachdem der Herr ihr Herz verändert hat, so wie er das Herz von Yousef, dem Sohn eines hochrangigen Hamas-Anführers, verändert hat. Bei Gott ist nichts unmöglich!

13. Warum hat Israel Feinde?

Der iranische Vertreter im Libanon und Anführer der Hisbollah-Terrororganisation ärgerte sich über Israels schnelle Entwicklung und Wiederherstellung. Deswegen fühlte er sich gedrängt, über Israel zu spotten. In diesem Sinne erschienen etliche Berichte in Israels Zeitungen nur kurz vor dem Zweiten Libanonkrieg.

Gleichzeitig machte mich der Geist Gottes auf folgende Bibelstelle aufmerksam: »Als Sanballat und Tobija und die Araber, Ammoniter und Aschdoditer hörten, dass die Wiederherstellung der Mauern Jerusalems Fortschritte machte und die Lücken in der Mauer sich zu schließen begannen, kochten sie vor Zorn.« (Nehemia 4,1).

Jetzt war mir wieder einmal klar geworden, dass es wirklich »nichts Neues unter der Sonne« gibt. Dieser zornige Sanballat damals war der persische Statthalter in Samarien; mit anderen Worten: der iranische Vertreter in dieser Region. Das können wir mit der heutigen Situation im Libanon vergleichen, wo im Grunde die Hisbollah regiert und ihre Befehle und Finanzen direkt aus dem

Iran bekommt. Ihr Anführer Nasrallah ist daher auch der heutige persische Statthalter. Er hasst Israel mehr als alles andere auf der Welt, und wie damals Sanballat, erniedrigt und verspottet er Israel gern bei seinen offiziellen Auftritten.

Als die ersten Juden im 5. Jahrhundert aus Babylon zurückkehrten, war das Land, aus dem sie 70 Jahre zuvor vertrieben worden waren, genauso öde und trocken, wie die ersten jüdischen Pioniere es vor der Staatsgründung Israels auffanden. Damals ärgerte sich der iranische Statthalter nicht über die eigentliche Rückkehr der Juden, sondern über den Bau der Mauer. Merkwürdig! Die Mauer Jerusalems lag in Trümmern. Wollte er etwa hier selbst investieren und ärgerte sich, dass die Juden ihm zuvorkamen? Nein, das glaube ich nicht. Wenn wir fein hinhören, wie sich die israelfeindlichen Anführer, insbesondere Ahmadinedschad, heute gegen Israel ausdrücken, stellen wir fest, dass er gegen die Zionisten und nicht gegen die Juden schimpft. Denn die Zionisten sind diejenigen Juden, die damals und heute das Land Israel aufgebaut haben; dagegen sind die Feinde Israels. Aus dem folgenden Vers geht deutlich hervor, dass es ihnen um das Werk des Baues ging, und das ist nicht nur auf Sanballat damals und Nasrallah heute beschränkt, sondern gilt für alle umliegenden arabischen Völker damals und heute: »Als Sanballat und Tobija und die Araber, Ammoniter und Aschdoditer hörten, dass die Wiederherstellung der Mauern Jerusalems Fortschritte machte und die Lücken in der Mauer sich zu schließen begannen, kochten sie vor Zorn. Sie schlossen sich zusammen und planten, in Jerusalem einzufallen und Verwirrung in der Stadt zu stiften.« (Nehemia 1,1-2).

Die arabischen Nachbarvölker stören sich am Bau der jüdischen Siedlungen; er sei angeblich der Grund für die Verzögerung der Friedensgespräche. Deswegen schimpft auch die ganze Welt gegen diese Siedlungen und betrachtet sie als Hindernis für einen

Frieden. In den Medien begründen die Araber mit der Existenz der jüdischen Siedlungen oft auch die Terroranschläge gegen Israel.

Irgendetwas musste die Araber damals und heute mehr an der Wiederherstellung Israels stören als an den Juden als Volk selbst. Was das ist, werden wir bald herausfinden.

Was auch merkwürdig ist und wofür es keine logische Erklärung gibt, ist der so große Hass des Iran gegen Israel, obwohl Israel den Iran nie militärisch angegriffen oder auf irgendeine Art bedroht hat. Es gibt nicht einmal eine gemeinsame Grenze zwischen den beiden Ländern, wo Israel die Möglichkeit hätte, die Iraner zu verärgern. Trotzdem schürt der Iran einen unwahrscheinlich tiefen Hass gegen Israel. Er hasst Israel so sehr, dass er eine Atombombe baut, mit der er Israel vernichten will. Und für den Bau dieser Bombe ist Ahmadinedschad bereit, von der Welt gehasst zu werden und Sanktionen für seinen Staat auf sich zu nehmen. Solch ein tiefer Hass und rein menschlich unverständlich. Er ist nicht die Folge eines israelischen Aggressionsakts gegen den Iran. Er ist völlig unlogisch. Dieser Hass ist teuflisch, denn vor allem der Teufel stört sich an der Wiederherstellung Israels. Auch damals im 5. Jahrhundert versuchte er schon einmal ohne Erfolg, den Aufbau der Stadtmauer Jerusalems zu verhindern – weil er wusste, dass Gott danach seinen Erlöser auf die Welt schicken wird. Er sollte nämlich nicht nur aus dem jüdischen Volk kommen, sondern auch in Bethlehem geboren werden und als Höhepunkt seines Auftrags in Jerusalem gekreuzigt werden. Das war und ist Gottes Heilsplan für die Versöhnung mit der Welt. Und was dem Teufel am meisten Angst einjagte, war die Tatsache, dass durch den Tod von Jesus am Kreuz und durch seine Auferstehung er selbst und der Tod besiegt werden würden. Davon wusste der Teufel. Dieser Plan Gottes war kein Geheimnis, denn schon viele Jahre vorher offenbarte Gott seinem Volk diesen Heilsplan durch die Propheten. Genau deshalb wollte der Teufel damals den Bau der Stadtmauer von Jerusalem verhindern und schickte Sanballat, den persischen Stadthalter, und die arabischen Nachbarvölker gegen die nach Zion zurückkehrenden Juden, also gegen die »Zionisten«.

Die Sonne ist dieselbe wie damals, und was sich unter ihr abspielt, ist auch nichts Neues. Heute finden wir genau denselben Hass und dieselbe Feindschaft gegen das für den Heilsplan Gottes auserwählte Volk, das nach 2000 Jahren Diaspora endlich wieder in seine Heimat von damals zurückkehrt. Und wie sie sich damals »alle miteinander verschworen, wider Jerusalem zu streiten«, werden in Zukunft auch laut Sacharja 12,3 einmal »alle Nationen der Erde sich gegen Jerusalem versammeln«. So gibt es nichts Neues unter der Sonne – nur die Schattenformation verändert sich von einem Volk zum anderen, von den Babyloniern zu den Römern und dann den Nazis, von Sanballat zu Nasrallah, von Hitler zu Achmadinedschad. Denn da, wo das Licht der Sonne scheint, da gibt es auch Schatten.

Auch die Strategie der damaligen Feinde Israels war die gleiche wie heute, nämlich Terror. »Unsere Widersacher aber sprachen: Die sollen es nicht wissen noch sehen, bis wir mitten unter sie kommen und sie erwürgen und dem Werk ein Ende machen!« (Nehemia 4,11).

Die heutigen Terroristen schleichen sich genauso heimlich wie damals unter die friedlichen Menschen, ohne dass diese etwas davon wissen, um sie zu töten. Sie schleichen sich in die israelischen Busse, Supermärkte und Schulen, bis sie plötzlich auf den Auslöserknopf drücken und damit versuchen, »dem Werk ein Ende zu machen«. Dieser Vers bestätigt die obige Behauptung doppelt. Letztendlich wollen die Terroristen nicht die Juden töten, sondern mit ihren Anschlägen wollen sie »nur« ihrem (der Juden) Werk ein Ende machen. Der Teufel setzt alles ein, um diesen zukünftigen Segen, der von dem auserwählten Volk Israel kommen wird, zu verhindern. Denn nach der Wiederherstellung Israels wird Gott das Volk erlösen, und durch Israels Erlösung wird ein Segen für alle Nationen kommen. »Sondern durch ihren Fall wurde das Heil den Heiden zuteil, um sie zur Eifersucht zu reizen. Wenn aber ihr Fall der Reichtum der Welt und ihr Verlust der Reichtum der Heiden geworden ist, wieviel mehr ihre Fülle! Denn wenn ihre Verwerfung die Versöhnung der Welt [zur Folge hatte], was wird ihre Annahme anderes [zur Folge haben] als Leben aus den Toten?« (Römer 11,11-12.15).[10]

Für diesen Heilsplan braucht Gott sein auserwähltes Volk und wird, so wie damals, nicht zulassen, dass irgendeine Nation Israel vernichten wird.

Bei diesem Konflikt in Israel ging es damals nicht um Land und Siedlungsbau, wie auch heute nicht, sondern um einen dämonischen Widerstand des Teufels, der gegen die Erfüllung von Gottes verheißenem Heilsplan kämpft. Es geht nicht um etwas Land in Gaza oder Judäa und Samarien, es geht um Dschihad! Denn nach islamischer Theologie ist ganz Israel besetztes Gebiet, auch Tel Aviv und Haifa.

In der Welt wird viel gegen die israelischen Kontrollen für die arabischen Tagelöhner geschimpft, weil sie jeden Tag sehr lange an den israelischen Sperren warten müssen, um zur Arbeit zu kommen. Wenig wird über den Grund dieser Sperren berichtet. Israel hat viele Jahre lang bittere Terrorerfahrungen durchmachen müssen. Die Israelis haben Angst vor weiteren Anschlägen, wie auch die zurückkehrenden Juden aus Babylon (vgl. Nehemia 4,9). So bauen sie damals wie auch heute die Siedlungen, »eine Hand am Werkzeug, die andere an der Waffe.« (Nehemia 4,11).

Es gibt noch viele andere Bibelstellen, in denen wir die Geschehnisse in und um das heutige Israel wieder entdecken können. Das Alte Testament ist genauso relevant für uns Christen wie das Neue Testament, auch wenn wir heute im Neuen Bund leben. Wir sollten erneut das Alte Testament entdecken, aber auf keinen Fall in den Alten Bund zurückfallen. Nein, auf keinen Fall! Aber wir sollten uns besser darin auskennen, wie Gott damals mit seinem Volk umging, wie Israel auch damals von seinen arabischen Nachbarn bedroht wurde und wie sehr es Gott verärgert, wenn ein Volk sich gegen Israel stellt.

Die Geschichte hat aber noch ein »Happy End«, auf das wir alle warten. Dieses »Happy End« ist nicht nur für die Juden gedacht, sondern auch für die arabischen Nachbarvölker und die restlichen Nationen der Welt. »Als alle unsere Feinde davon [von der Fertigstellung der Mauer] erfuhren, fürchteten sich die benachbarten Völker und verloren den Mut, denn sie erkannten, dass wir dieses Werk mit der Hilfe unseres Gottes ausgeführt hatten.« (Nehemia 6,15-16).

Am Schluss werden sie alle erkennen, dass die Wiederherstellung Israels ein göttliches Werk war und auch heute noch ist. Wann wird das geschehen? Erst wenn der Mauerbau beendet ist, wenn Israel wieder aufgebaut ist. Erst wenn die Städte und Siedlungen im heutigen Israel wieder fertig aufgebaut sind. Aber genau dagegen schimpft und kämpft die ganze Welt. Das sollte eigentlich die Nationen dazu bringen, diese Wiederherstellung Israels zu fördern, denn danach wird der große Segen Gottes auf die gesamte Menschheit kommen.

»Aber Juda wird für immer bewohnt sein und Jerusalem bleibt von Generation zu Generation bestehen.«
(Joel 4,20)

»Sie werden das Land für immer besitzen, denn sie sind ein Spross meiner Pflanzung, das Werk meiner Hände, um mich zu verherrlichen.« (Jesaja 60,21)

»Nun sollen sie es [das Land] für immer besitzen und über Generationen hinweg darin wohnen.« (Jesaja 34,17)

14. Das große Glück der Palästinenser

Wenn Israel nicht der Feind der Palästinenser wäre, hätte die Welt sich dann auch so aktiv für die Palästinenser eingesetzt?

Leider ist die Antwort auf diese Frage negativ. Diese Tatsache klingt hart, aber sie ist die traurige Wahrheit. Noch genauer gesagt: Wären die Juden nicht der Feind der Palästinenser, hätte die Welt keine einzige »Friedensflotte« nach Gaza geschickt.

Wie viel Not und Tragödien gibt es auf dieser Welt? Wenn wir an die Tschetschenen oder Tibeter denken, die leidenden Kurden in der Türkei und in Syrien, die Millionen ermordeter und verletzter Menschen im Kongo, Sudan, die Christen in Nigeria und in vielen anderen Ländern: Wie viel öffentliche Aufmerksamkeit bekommen die leidenden Menschen dort? Wir sollten den Menschenrechtsorganisationen, die ihre Aktivisten nach Gaza schicken, einmal die Frage stellen, warum sie keine »Friedensflotten« in all diese Länder schicken?

Obstmarkt in Gaza.

Sofort nach der Gaza-Offensive im Jahr 2009 fuhr fast jede Woche ein Schiff mit Hilfsgütern nach Gaza, obwohl es eigentlich gar nicht nötig war. Denn in der Zeitspanne vom Krieg mit Israel bis zur »Flotte« 2010 wurde insgesamt über eine Million Tonnen Hilfsgüter nach Gaza geliefert. Die UNO, das Rote Kreuz, andere Menschenrechtsorganisationen und sogar israelische Firmen lieferten diese Hilfsgüter in den Gazastreifen. Bei einer Bevölkerung von etwas über einer Million Menschen, die dort leben, macht das ungefähr eine Tonne Hilfsgüter pro Person aus. Hier sollten wir uns wieder einmal fragen, welcher andere arme Mensch auf unserem Planeten so viele Hilfsgüter bekommt?

Modernes Einkaufszentrum in Gaza.

Gaza ist eine sich rasch entwickelnde Stadt und nicht am Verhungern und Verdursten, wie so oft in den Medien berichtet wird. In Gaza gibt es ein topmodernes Einkaufszentrum, die »Gaza Mall«, ein großes Schwimmbad nach olympischen Maßstäben, viele feine Restaurants und noch zahlreiche andere Attraktionen, die darauf hinweisen, dass es nicht von Hilfsgütern abhängig ist. Ein Journalist, der oft direkt aus Gaza in die ganze Welt berichtet, erzählte mir von den vielen noblen Restaurants, die es dort heute gibt. Er kann aber nicht darüber schreiben, weil das nicht in seine Berichte von der Armut in Gaza passt.

Natürlich gibt es arme Menschen in Gaza, aber die gibt es auch in Israel. Es ist noch kein Palästinenser aus dem Gazastreifen verhungert oder verdurstet, obwohl die Medien oft über den Wassermangel im Gazastreifen berichten: Israel würde ihnen öfter einmal den Wasserhahn zudrehen und die Einfuhr von Hilfsgütern verhindern.

Moderne Häuser in Gaza.

Das Gegenteil ist der Fall, denn Israel hat sogar während des Kriegs mit Gaza 2009 weiterhin die Lieferung von Strom, Wasser und Medikamente nach Gaza zugelassen.

Israel ist der Lackmustest für die Menschheit im 21. Jahrhundert. Im vorigen Jahrhundert hat die Menschheit in diesen Tests meistens versagt: Faschismus, Nationalsozialismus, die langjährige Kooperation vieler Staaten und Organisationen mit den Nazis. Auch der Stalinismus war ein großer Test für das 20. Jahrhundert, in dem sogar viele Juden durchfielen bzw. reinfielen.

Aber der große Lackmustest des 21. Jahrhunderts ist die Anerkennung des Rechts von Israel, als jüdische Demokratie in sicheren Grenzen zu existieren, mit einem Recht auf Selbstverteidigung und ein faires Verhältnis zur internationalen Gemeinschaft.

Die UNO spielt auf diesem Feld ebenfalls eine negative Rolle. Diese Organisation der Vereinten Nationen, die eigentlich für Frieden sorgen sollte, schafft mehr Feindschaft zwischen Völkern als Frieden. Die UNO hat nicht sehr viel Macht, aber die Macht, die sie besitzt, gebraucht sie gegen Israel, statt sich für die Ziele einzusetzen, für die sie eigentlich gegründet wurde. Als im Jahr 1975 ein Völkermord in Kambodscha stattfand, den die UNO eventuell hätte verhindern können, hat sie sich zur gleichen Zeit mit der Frage beschäftigt, ob der Zionismus eine Art von Apartheid ist oder nicht. Der Völkermord in Kambodscha hat mindestens 1,7 Millionen Menschen das Leben gekostet; er gilt als eine der schlimmsten Tragödien in der modernen Menschheitsgeschichte. Wie in Nazi-Deutschland, Jugoslawien und Ruanda verursachte auch in Kambodscha politischer Extremismus durch die Missachtung des menschlichen Lebens Repression, Elend und Morde in riesigem Ausmaß.

Die UNO verhandelt über Israel und tut nichts in Kambodscha, sie verurteilt Israel und unternimmt nichts in Ruanda, sie stimmt gegen Israel und tut nichts in Darfur. Und dabei habe ich noch nicht die Sklaverei von Frauen und Kindern in der arabischen Welt erwähnt.

Auch einzelne Staaten wie England und Belgien sind in diesem Lackmustest durchgefallen. Sie versuchen, israelische Offiziere bei der Einreise in ihr Land zu verhaften und vor Gericht zu bringen.

Ich bin auch nicht mit allem einverstanden, was die israelische Regierung tut. Aber es war ein Fehler der früheren israelischen

Außenministerin Zipi Livni, ihren Besuch in London abzusagen, weil ein britischer Haftbefehl mit dem Vorwurf von angeblichen Kriegsverbrechen auf sie wartete. Auch Ehud Barak und der Generalmajor Doron Almog, denen Kriegsverbrechen vorgeworfen wurde, verzichteten auf ihren Besuch in Großbritannien. Ich meine, sie sollten in diesen Fällen der britischen Regierung in die Augen schauen und sagen: Wir sind bereit, Israels Politik mit der britischen oder anderen Demokratien für einen Vergleich auf die Gerechtigkeitswaage zu legen.

Das beste Beispiel ist der Generalmajor der israelischen Streitkräfte Eljezer Schkedi, ehemaliger Kommandeur der israelischen Luftwaffe und heute der Geschäftsführer von Israels nationaler Fluggesellschaft El-Al. Warum ist er das beste Beispiel dafür? Weil kein anderer israelischer Offizier in der ganzen Geschichte so radikal die zivilen Terroropfer reduzierte wie Eljezer Schkedi in seiner Amtszeit. Als er 2004 als Kommandeur bei der Luftwaffe anfing, war das Verhältnis zwischen Terrorist und Opfer 1:1. Als er sein Amt dort 2008 beendete, stand das Verhältnis 29 Terroristen gegen jedes Opfer. Das ist international mit Abstand der niedrigste Opferquotient für einen Militärmann, sogar besser als in Amerika.

Hätte Israel rechtzeitig genaue Erklärungen und Gründe für seinen Sicherheitszaun veröffentlicht, dann wäre es vielleicht gar nicht bis zur Verurteilung Israels vor dem Internationalen Gerichtshof in Den Haag gekommen. Israels Pressebüro wird ziemlich amateurhaft verwaltet, wenn ich die privaten PR-Firmen der Palästinenser beobachte.

Auf der Webseite des Außenministeriums erschienen erst zwei Wochen vor dem Gerichtsverfahren in Den Haag einige erste Erklärungen, zu welchem Zweck Israel diesen Sicherheitszaun baut. Von den 760 Kilometern Zaun sind nur fünf Prozent Mauer. Interessant wäre die Frage, warum man in den Medien nur von einer Mauer berichtet und Bilder von dem kleinen Stück Mauer veröffentlicht.

Dabei wäre es doch viel korrekter, über die 95 % Zaun zu berichten. Seit Baubeginn dieses Sicherheitszauns 2003 haben die Selbstmordanschläge gegen Israel aufgehört, obwohl der Zaun erst zu 60 % (Stand 2010) fertig ist. Es ist merkwürdig, dass sich die Welt nicht darüber freut, sondern weiter schimpft und Israel Apartheid vorwirft.

Im Jahr 2011 riefen drei Rabbiner in Tsafed aus, man solle keine Wohnungen an arabische Studenten vermieten, weil sie nachts so laute Partys machen. Dieser Aufruf verärgerte die Mehrheit der Israelis und mich selbst auch. Ma'ale Adumim, wo ich lebe, ist eine überwiegend jüdische Stadt, doch auch einige Araber wohnen hier, und das ist gut so. Obwohl dieser Aufruf in keiner Weise von der Regierung unterstützt oder gefördert wurde, ging die Meldung durch die Medien in die ganze Welt und wurde mit dem Aufruf der Nazis »Verkauft nicht an Juden!« verglichen. Das war nicht im Entferntesten der Fall; so schnell werden »harmlose« Vorfälle in Israel verdreht und gegen Israel verwendet. Solche Berichte verärgern die Menschheit gegen Israel und produzieren neuen Hass gegen die Juden. Doch keine von denselben Zeitungen berichtete über die schon lange existierende Tatsache, dass nur drei Minuten Autofahrt von Jerusalem entfernt jedem Araber die Todesstrafe droht, der ein Haus an einen Juden verkauft. Das weiß jeder Bewohner der Stadt, das muss keiner ausrufen, sondern das ist eine Tatsache, die schon oft ausgeführt wurde.

Ein anderes Beispiel aus meiner Heimatstadt Ma'ale Adumim: Mein morgendlicher Weg zur Arbeit nach Jerusalem dauert dreißig Minuten, obwohl die Entfernung nur zehn Kilometer beträgt. In den Jahren vor der Intifada, als ich noch durch die arabischen Dörfer Abu-Dis und El-Asarija fahren konnte, dauerte die Fahrt nur zehn Minuten. Nach Beginn der Intifada fuhren wir Israelis nur in Notfällen diese kürzere Strecke, bis es von der israelischen Polizei jetzt ganz verboten wurde, weil Israelis dort angehalten und ermordet wurden. Seitdem sieht das arabische Dorf Abu-Dis keine Israelis mehr. Aber viele der Araber aus Abu-Dis arbeiten in Ma'ale Adumim bei den Israelis. Sie haben mein Haus gebaut, meinen Garten angelegt. Wir treffen uns im gleichen Supermarkt beim Einkaufen. Sie werden von den Israelis nicht wegen ihrer Abstammung diskriminiert oder auf irgendeine Weise benachteiligt. Von dieser Tatsache liest man nicht viel oder gar nichts in den Medien der Welt. Vielmehr liest man, dass Israel der Aggressor sei und die Araber unterdrückt. Wenn das wirklich so ist, Israel ein Aggressor, dann frage ich mich, wozu vor jeder jüdischen Schule und jedem jüdischen Kindergarten ein Wächter stehen muss? Und warum wir solche Wächter nicht an den arabischen Schulen finden? Vor jedem jüdischen Supermarkt, Restaurant, Café, Einkaufszentrum stehen Wachposten, die jedem die Taschen kontrollieren. In den arabischen Städten sind solche Posten nicht nötig. Man sollte sich fragen, weshalb das so ist, wenn Israel doch immer als der Aggressor dargestellt wird?

Es wird viel gegen die israelischen Übergänge und Checkpoints geschimpft. Die Araber, die auf der israelischen Seite arbeiten, müssen morgens manchmal lange warten, bis sie von den israelischen Soldaten kontrolliert werden und letztendlich hindurchdürfen. Darüber habe ich schon viele negative Zeitungsartikel gelesen und Sendungen gesehen. Dort werden die Araber immer als die Opfer der boshaften Israelis dargestellt. Aber warum Israel diese Sperren aufgestellt hat, wird meistens nicht hinterfragt und erwähnt. Warum hat Israel diese Kontrollen nötig?

Diese Kontrollen haben einen Sicherheitsgrund. Die Israelis haben aus den bitteren Erfahrungen des palästinensischen Terrors gelernt. Denn wenn bei 10 000 arabischen Gastarbeitern auch nur einer von ihnen eine Bombe mit sich bringt, dann sind diese Sperren berechtigt. Mit anderen Worten, der Grund für diese Kontrollen sind nicht die »boshaften« Israelis, sondern die Terroristen.

Als ich Weihnachten 2010 Bethlehem besuchen wollte, kam ich zu der palästinensischen Sperre und las auf einem großen roten

Schild auf Arabisch, Englisch und Hebräisch: Zutritt für Israelis verboten. Für mich als Israeli war der Eintritt nach Bethlehem von vornherein verboten. Ich wäre auch bereit, zwei Stunden in einer Schlange zu stehen, um Weihnachten in Bethlehem zu feiern. Diese großen roten Verbotsschilder für die Israelis findet man vor jeder arabischen Stadt in Israel.

Wer hierüber einmal etwas in den Medien liest, hört oder sieht, den lade ich ein, mir davon zu berichten (doron.schneider@gmail.com), denn das wäre das erste Mal, dass man über die Situation auch von der anderen Seite berichtet.

Die Medien wählen ganz gezielt ihre Begriffe aus, je nach Tendenz des Artikels. Früher, als die Zeitungen und andere Medien dafür da waren, die Menschen über die Geschehnisse zu informieren, nannte man die Sache beim Namen. Heute gebraucht die Presse häufig ganz bewusst gewisse Begriffe, um den Artikel in eine antiisraelische Meinungsrichtung zu lotsen. So kann man an diesen Begriffen sehr schnell erkennen, ob eine Redaktion für oder gegen Israel ist. Ein klassisches Beispiel ist der Begriff »besetzte Gebiete«, wenn es sich eigentlich um biblisches Kernland handelt, das Israel erobert hatte, nachdem es ständig angegriffen wurde. Es war anfänglich nicht das Ziel Israels, dieses Gebiet zu erobern, sondern es fiel so aus, während Israel sich gegen die Araber verteidigte, die versuchten, Israel zu vernichten.

Ein weiterer Begriff ist »jüdische Siedlung«, auch wenn es sich um eine jüdische Stadt handelt. Die Medien haben uns so sehr eingeprägt, dass diese Siedlungen etwas Negatives sind, ein »Hindernis für den Frieden«, dass wir oft unbewusst diese Begriffe übernehmen.

Man hört auch viel über eine »Apartheid-Mauer«, wenn es doch eigentlich um einen Sicherheitszaun geht, den Israel zum Schutz gegen die vielen Selbstmordattentäter errichtet hat. Obwohl der Zaun erst zu 60 % fertiggestellt ist, hat er es schon geschafft, die

Selbstmordanschläge ganz und gar zu stoppen. Trotzdem schimpft die Welt weiter gegen diesen Zaun oder diese Mauer, weil die Medien uns erzählen, dass Israel die Palästinenser mit dieser Mauer in ein Ghetto einsperrt.

Eine gute PR-Firma für den Staat Israel ist notwendig, aber würde das helfen, den Hass gegen Israel zu stoppen oder wenigstens zu reduzieren?

In Norwegen glauben laut Umfrage im Jahr 2010 etwa 60 % der Bevölkerung, dass die Israelis fanatisch sind; 50 % glauben, sie seien brutal, und 40 % sind davon überzeugt, die Israelis seien alle rassistisch. Diese Eindrücke gegen Israel lassen sich kaum verändern.

Bei einer Popularitätsumfrage der BBC zum Jahreswechsel 2010/2011 stand Israel am viertletzten Platz. Israel ist das viert-unpopulärste Land auf der Welt; nach Israel kommen nur noch der Iran, Pakistan und Nordkorea. Bei dieser Umfrage landete Deutschland auf Platz 1 als beliebtestes Land.

Bei der Frage, wie die Deutschen über Israel denken, stellte sich heraus, dass 65 % der Deutschen gegenüber Israel negativ eingestellt sind.

Im Jahr 2010 verordnete der israelische Außenminister Avigdor Lieberman, 10 Millionen Euro für eine Public-Relations-Kampagne in Norwegen auszugeben. Damit sollte das negative Image Israels verbessert werden und der zunehmende Boykott gegen israelische Produkte gestoppt werden. Alle norwegischen Büros haben dieses Angebot abgesagt, weil sie dann alle anderen Klienten verlieren würden. Wenn man jemanden für eine gewisse Ideologie mit Fakten überzeugen will und er weigert sich, wird häufig zu einem der schlagendsten Argumente gegriffen: Geld. Israels Schwierigkeit, PR-Büros zu finden, die einmal ein positives Wort für Israel einlegen, ist wahrscheinlich auch nicht mit Geld zu überwinden. Denn der Teufel braucht kein Geld; er will Israel vernichten, und dafür muss er Israel erst einmal schlechtmachen, bis die Welt Israel loswerden will.

Der Prophet Sacharja prophezeit, dass einmal alle Nationen gegen Jerusalem ziehen werden (vgl. Sacharja 12). Dafür muss die Welt zuvor erst sehr gegen Israel sein. So sehr, dass sie dieses »Jerusalemproblem« oder – biblisch ausgedrückt, den »Laststein« –, versuchen werden wegzuheben. Je mehr die Welt gegen Israel ist, umso näher rückt die Erfüllung dieser Prophetie. Wenn wir die negative Einstellung der Welt und den Hass gegen Israel und die Juden in unseren Tagen betrachten, dann dauert es wohl nicht mehr lange.

Wenn wir aber die Fortsetzung von dieser Prophetie im 12. Kapitel lesen, dann stoßen wir auf ein »Happy End«. »An jenem Tag wird es mein Ziel sein, alle Völker, die Jerusalem angreifen, zu vernichten. Dann gieße ich einen Geist der Gnade und des Gebets über die Nachkommen Davids und die Bewohner Jerusalems aus. Sie werden auf den schauen, den sie durchbohrt haben, und um ihn trauern wie um einen einzigen Sohn. Sie werden ihn beweinen, wie man einen erstgeborenen Sohn beweint.« (Sacharja 12,9-10).

15. Purim, Haman und Amalek

Am Schabbat vor Purim holt man in der Synagoge zwei Thorarollen aus dem Thoraschrank, eine für den üblichen Wochenabschnitt und die andere für die Verse über Amalek. Dann liest man, »Denkt daran, was die Amalekiter euch angetan haben.« (5. Mose 25,17). Nach dieser Lesung wird auch der Schabbat benannt, nämlich: Schabbat Sachor (Gedenke). Als »Haftara«[11] wird dann aus 1. Samuel 15 vorgelesen: »So spricht der Herr, der Allmächtige: ›Ich habe nicht vergessen, was die Amalekiter Israel angetan haben: Sie haben Israel im Weg gestanden, als es aus Ägypten kam.‹« (1. Samuel 15,2).

Es ist ein Gebot der Tat – bindend für ganz Israel –, Amalek, seine Nachkommen und die Missetaten der Amalekiter zu verabscheuen und ausdrücklich zu erwähnen. Wir sollen unseren Kindern erzählen, was uns Amalek gleich nach dem Auszug aus Ägypten angetan hat.

Der erste Amalekiter war ein Enkel von Esau. Sein Vater war Esaus ältester Sohn Elifas. Seine Mutter war Timna, eine Tochter eines der Fürsten von Seïr, eine Nebenfrau von Elifas. Elifas selbst hatte noch einen gewissen Sinn für Sittlichkeit. Amalek, sein Sohn hingegen, wurde erst nach dem Tode Isaaks geboren und wuchs unter Esaus Obhut heran. Von ihm erbte er denn auch den Hass gegen Jakob und seine Nachkommen. Im Talmud steht: »Esau sagte zu Amalek: Wie sehr war mir doch daran gelegen, Jakob zu töten, aber es ist mir nicht gelungen. Nimm du es nun auf dich, Rache für mich zu nehmen! Da sagte Amalek: Ich habe doch keine Hoffnung, gegen ihn aufzukommen. Esau antwortete: Diese Überlieferung liegt nun in deiner Hand. Wenn du seine Nachkommen bei unrechten Handlungen antriffst, nimm die Gelegenheit wahr und überfalle sie!« (Jalkut Chukat 764).

Os hat sich am Purimfest als König Peter aus Narnia verkleidet.

Amaleks Nachkommen vermehrten sich stark, wie Dornen auf dem Feld, und sie wurden zu einem ganzen Volk. Amalek pflanzte in die Herzen seiner Nachkommen einen unerbittlichen Hass gegen die Kinder Israel, und ihr ganzes Trachten und Sinnen war es, sie zu vernichten. Als Amalek die Kinder Israels aus Ägypten herausziehen sah, entflammte sein Hass wie ein Feuer. Er versammelte sein Volk und lauerte ihnen auf dem Wege auf. Die Kinder Israel waren müde und erschlafft. Da sprang Amalek aus dem Hinterhalt hervor, so wie es geschrieben steht: »Wajawo Amalek – und da kam Amalek...« (s. 2. Mose 17,8).

Amaleks Hass gegen Israel kann nicht mit dem Hass aller anderen Judenfeinde verglichen werden. Der Hass anderer Judenfeinde lässt zu manchen Zeiten nach, aber Amaleks Hass hält an. Solange Amalek besteht, wird er danach trachten, Israel zu vernichten. Andere Feinde sind bereit, Bestechungen anzunehmen oder sich sogar auszusöhnen, Amalek aber wird sich durch nichts von seinem mörderischen Vorhaben abbringen lassen. Sogar wenn er Zeichen und Wunder Gottes sieht oder wenn Gottes Herrlichkeit vor dem Lager Israels erscheint, auch wenn er erkennen kann, wie Gott an Israels Feinden Rache nimmt, schreckt Amalek vor nichts zurück. Es liegt in Amaleks Natur, Israel zu hassen, sogar wenn er dem eigenen Untergang ins Auge schauen muss. Hinter diesem Hass steckt Satan selbst, denn er will alles zerstören, was göttlich ist.

So gibt es auch heute arabische Länder wie Ägypten und Jordanien, die trotz ihres Hasses gegen die Juden bereit waren, Frieden mit Israel zu schließen. Es kostete den ägyptischen Präsidenten Anwar Sadat das Leben, dass er einen Friedensvertrag mit Israel schloss. Die Muslimbruderschaft steckte hinter diesem Mord und versucht auch weiterhin, den Frieden mit Israel zu sabotieren.

Der Iran ist bereit, sein eigenes Volk für die Vernichtung Israels zu opfern. Er baut an einer Atombombe, mit der er Israel vernichten will. Das kostet ihn weltliche Sanktionen für sein ganzes Volk. Das ist der Geist der Amalekiter, der bis heute existiert. Dieser Hass des Iran gegen Israel hat eigentlich keinen direkten Grund, weil Israel niemals den Iran angegriffen hat und beide Länder auch keine gemeinsamen Grenzen besitzen. Trotzdem setzt der Iran alles aufs Spiel, um Israel zu vernichten.

»Der Herr führt Krieg gegen die Amalekiter von Generation zu Generation.« (2. Mose 17,16). Gott und Amalek sind Feinde. Amalek hasst Israel, weil Israel Gottes auserwähltes Volk ist, und versucht es deswegen zu vernichten, damit Gott seinen Heilsplan nicht zu Ende führen soll.

Ja, der eigentliche Hass gegenüber Israel ist ein Hass gegen Gott. Das hat König David auch schon durchschaut: »Sie machen listige Anschläge wider dein Volk, verabreden sich wider deine Schutzbefohlenen.« Sie sprechen: »Sie verschwören sich gegen dein Volk und schmieden hinterhältige Pläne gegen die, die du beschützt. Sie sagen: ›Kommt, wir wollen das Volk Israel vernichten und die Erinnerung an diese Nation aus dem Gedächtnis der Menschen auslöschen.‹ Denn sie waren sich einig und haben ein Bündnis gegen dich geschlossen.« (Psalm 83,4-6).

So wandert dieser Geist der Amalekiter von Volk zu Volk. Dieser teuflische Geist verführte damals die Philister, die Midianiter und mehrere andere Völker, die versuchten, Israel auszurotten. Ja, es war auch derselbe Geist im Dritten Reich von Hitler, der versuchte, das jüdische Volk auszurotten.

Der böse Haman aus dem Buch Esther, der auch versuchte, das jüdische Volk zu vernichten, stammte selbst von den Amalekitern ab. Deswegen wird am Purimfest der Sieg über den Amalekiter Haman und seine teuflischen Absichten gefeiert.

»Doch der Herr ist gerecht; er hat die Fesseln durchtrennt,
mit denen die Gottlosen mich gebunden hatten. Alle,
die Jerusalem hassen, sollen beschämt zurückweichen!«
(Psalm 129,4-5)

16. Siedlungen oder Frieden?

Sind die jüdischen Siedlungen in Judäa und Samarien tatsächlich das große Hindernis für den lang erwarteten Frieden im Nahen Osten?

Mit steigender Tendenz halten die Weltöffentlichkeit und die Regierungen Israel die Siedlungen als das größte Hindernis auf dem Weg zum Frieden vor. Mit anderen Worten ausgedrückt: Die

Lösung für den Nahost-Konflikt sei die Räumung der jüdischen Siedlungen.

Nehmen wir einmal an, Israels Regierung würde sich tatsächlich entscheiden, von heute auf morgen alle Siedlungen zu räumen, würden dann die Palästinenser in Frieden mit den Israelis nebeneinanderleben? Dürften dann die Israelis den neu gegründeten Palästinenserstaat als Touristen besuchen? Wenn ja, wären sie dort ihres Lebens sicher? Wäre damit dieser Konflikt endgültig gelöst?

Ich kann als Israeli mit Gewissheit behaupten, dass, wenn Israels Regierung von dieser »Friedensfantasie« überzeugt wäre, Israel schon vor vielen Jahren die Siedlungen geräumt hätte.

Am 4. Mai 1994 wurde das erste Osloer Abkommen und das sogenannte »Gaza-Jericho-Abkommen« in Kairo unterzeichnet. Damit zeigte die israelische Regierung ihre Bereitschaft, Land für Frieden abzugeben. Sie wollte aber zuerst die Bereitschaft der Palästinenser prüfen, wie solch ein Frieden von ihrer Seite aussehen wird.

Ich kann mich noch gut daran erinnern, denn ich war als Fotojournalist in Jericho, als es der Palästinensischen Autonomiebehörde übergeben wurde. In den Jahren davor konnten wir Israelis nicht nur frei durch Jericho fahren, sondern haben oft dort in den vielen netten Restaurants gemütlich gegessen und uns amüsiert. Besonders an den Samstagen waren die Restaurants an der Jerichoer Hauptstraße gefüllt mit Israelis. Nachdem Jericho zum Autonomiegebiet wurde, war es vom ersten Tag an lebensgefährlich, auch nur hindurchzufahren. Ähnlich verlief es in allen anderen palästinensischen Autonomiegebieten. Hätten die Palästinenser den echten Friedenswillen der Israelis erkannt und akzeptiert, wäre es doch von ihrer Seite aus weiser gewesen, friedlich mit den Israelis umzugehen. Dadurch hätten sie bessere Chancen gehabt, weitere Gebiete für sich zu gewinnen. Mit ihrer Intifada haben sie bewiesen, dass dieses »Gaza-Jericho-Abkommen« nicht funktioniert hat und die Formel »Land für Frieden« nicht aufgegangen ist. Trotzdem hat die israelische Regierung in den folgenden Jahren mit dem

Oslo-II-Abkommen weitere Gebiete zu palästinensischen Autonomien gemacht und einem Truppenabbau in drei Stufen zugestimmt. Die Gebiete A, B und C bekamen einen jeweils unterschiedlichen Status:

Gebiet A: Volle zivile und militärische Kontrolle durch die Palästinenser.

Gebiet B: Volle palästinensische zivile Kontrolle und gemeinsame israelisch-palästinensische Militärkontrolle.

Gebiet C: volle israelische militärische und zivile Kontrolle.

Somit verwandelte sich das biblische Kernland langsam aber sicher immer weiter in die Richtung eines palästinensischen Staates. Unverständlicherweise wuchsen gleichzeitig auch die Terroranschläge gegen Israelis. Sie vermehrten sich nicht nur in Zahlen, sondern auch die Waffen verschärften sich: von Steinen zu Molotowcocktails bis hin zu den Selbstmordattentäter, die sich unter anderem in israelische Linienbusse setzten und sie in die Luft sprengten.

Als Israel nach den vielen Anschlägen endlich eingesehen hatte, dass es seit den Osloer Abkommen mehr Terroranschläge als vorher und mehr Opfer auf beiden Seiten gab, war es mit dem Entgegenkommen bezüglich der palästinensischen Gebiete vorbei. Israel begann, einen Sicherheitszaun zu errichten, in der Hoffnung, dadurch die Selbstmordattentäter von jüdischen Städten fernzuhalten. Daraufhin schimpfte die ganze Welt und verurteilte Israel im Internationalen Gerichtshof in Den Haag, diese Mauer (obwohl es eigentlich zu 95 % ein Zaun ist) sei menschenrechtsverletzend. Dieses Urteil erwartete Israel eigentlich für die Terroristen, die in den Jahren vor Beginn des Zaunbaues mehr als 1 000 unschuldige israelische Mütter und Kinder ermordet oder zu Behinderten gemacht hatten. In der Welt sah man keine Demonstrationen gegen diese brutalen palästinensischen Terroristen; im Gegensatz dazu sah man unzählige Demonstrationen gegen die »Mauer«, die Israel zur Sicherheit für ihre Bürger baute.

Nachdem die Welt dann festgestellt hatte, dass die Osloer Abkommen gescheitert waren und immer noch kein Frieden in Aussicht war, suchte man einen Schuldigen dafür. Die Palästinenser als Minderheit und nach offizieller Meinung unterdrücktes Volk konnten nicht daran schuld sein. Die israelische Regierung hatte ihre Seite des Abkommens gehalten, indem sie viele Gebiete schon an die Palästinenser abgab. So wurden die jüdischen Siedlungen das Hindernis auf dem Weg zum Frieden. Obwohl die gebauten Häuser und Infrastruktur der jüdischen Siedlungen laut der Menschenrechtsorganisation B'Tselem flächenmäßig nur ein Prozent der »besetzten Gebiete« in der West Bank[12] ausmachen, sah man in ihnen das Hindernis für den Frieden. Man wirft ihnen bis heute vor, sie hätten sich unter dem Schutz des israelischen Staates gewaltsam Land von den Palästinensern angeeignet. Stimmt das?

Ma'ale Adumim wird von den Medien als Hindernis für Frieden bezeichnet.

Schon vor den Jahren der Staatsgründung Israels 1948 und auch vor dem Sechs-Tage-Krieg 1967 und der Eroberung der »Besetzten Gebiete« gab es schon unzählige arabische Anschläge gegen Juden im Land.

Die ersten jüdischen Siedlungen wurden seit ungefähr 1890 aufgebaut. Die damaligen Juden im Land kauften das Land zu übertrieben teuren Preisen von türkischen Efendis ab, die sowieso kein Interesse an diesem damals noch zum größten Teil aus Sümpfen bestehenden Land zeigten und denen das Schicksal der palästinensischen Bevölkerung auch egal war. In Jerusalem und in Hebron gab es schon seit Jahrtausenden jüdische Gemeinden. Meine Frau Ziona stammt aus solch einer Familie (Familie Bibi), die bereits seit Generationen in Jerusalem lebt. Ihre jüdischen Großeltern kauften sich auch ein Grundstück in Jerusalem und bauten eigenhändig ihr Haus darauf. Später wurden sie vom Staat Israel ihres Grundstückes enteignet, weil dort eine Hauptstraße entlanggehen sollte, und sie bekamen dafür eine kleine Dreizimmerwohnung in einem Mehrfamilienhaus. Von solchen Fällen hört man nur, wenn es den Arabern passiert. Wenn den Juden so etwas angetan wird, interessiert das keinen, deswegen wird es auch nicht in den großen Medien berichtet.

Man sollte privaten Landbesitz nicht automatisch zu einer politischen Angelegenheit machen. Der Begriff »Siedlungspolitik« ist daher nicht korrekt. Es ist eher eine Bewegung und sollte daher auch »Siedlungsbewegung« heißen. Israel ist eine Demokratie, und nur, wenn diese Bewegung stark genug im Parlament vertreten ist, kann sie vorangehen. Das kommt ganz auf die regierende Partei an. Da in Israel auch Araber wählen dürfen und sogar elf Abgeordnete und drei Parteien im Parlament des jüdischen Staates Israel haben, liegt es auch hier an der Stärke der arabischen Parteien, wie sehr sie sich politisch gegen den Bau von Siedlungen einsetzen.

Man sollte zwischen politischer Tagessituation und dauerhaften Eigentumsverhältnissen unterscheiden. In Galiläa gehört heute der meiste Grund und Boden Arabern.

Nach dem Sechs-Tage-Krieg 1967 hat Israel das eingenommene Land nicht annektiert, sondern in einem Besatzungsstatus gehalten, um eines Tages seinen Nachbarn »Land für Frieden« anbieten zu können. Erst nach den Oslo-Abkommen wurde zum ersten Mal in Absprache mit der Palästinensischen Autonomiebehörde Land von Palästinensern für den Zweck von Umgehungsstraßen enteignet. Dafür wurde den palästinensischen Besitzern, wie in jedem Rechtsstaat, eine entsprechende Entschädigung angeboten.

Im biblischen Judäa und Samarien (besetzte Gebiete) wurden alle jüdischen Siedlungen auf Staatsland gebaut, das der Staat Israel 1967 in einem Verteidigungskrieg erobert hat.

Bei der Unterzeichnung der Osloer Abkommen forderten die Palästinenser gar keinen Siedlungsstopp. Auch in den darauffolgenden Jahren wetterten nicht die Palästinenser gegen den Siedlungsbau, sondern westliche Friedensorganisationen und israelische Friedensbewegungen.

Später, im Jahr 2010, gab es ein zehnmonatiges Bauverbot, währenddessen keine Häuser in jüdischen Siedlungen gebaut werden durften. Man erhoffte sich, dadurch die Friedensgespräche wiederbeleben zu können. Als das jedoch nicht geschah, liefen die zehn Monate am 26. September 2010 ab und es wurde wieder gebaut. Zu dieser Zeit zogen wir gerade in unser Haus in Ma'ale Adumim um. Zur Einweihungsfeier luden wir auch die arabischen Bauarbeiter ein, die unser Haus gebaut hatten. Ich bedankte mich offiziell bei ihnen für die gute Arbeit und wir genossen gemeinsam eine gemütliche Feier. Einer von ihnen bat mich, an ihn zu denken, wenn ich Renovierungen nötig hatte, weil jetzt der zehnmonatige Baustopp begann und er deshalb nicht wusste, wie er seine Familie während dieser daraus folgenden zehnmonatigen Arbeitslosigkeit ernähren sollte.

Wir unterhielten uns weiter, und dabei wurden wir uns sofort einig, dass die jüdischen Siedlungen in palästinensischen Gebieten ein Potenzial für ein zukünftiges Miteinander der beiden Völker sein können. Wir sollten nicht immer auf die Probleme schauen, die uns trennen, sondern vielmehr auf das, was man gemeinsam gewinnen kann.

Ein weiterer Beweis, dass die Siedlungen nicht das Friedenshindernis sind, zeigen die beiden Friedensverträge mit Ägypten und Jordanien, die unterzeichnet wurden, ohne dass Israel eine einzige Siedlung räumen musste. Dagegen hatte Israel zwei Ministerpräsidenten, Ehud Barak und Ehud Olmert, die während ihrer Amtszeit bereit waren, die meisten Siedlungen für ein Friedensabkommen zu räumen. Allerdings gingen die Palästinenser nicht darauf ein.

Wenn die jüdischen Siedlungen wirklich ein Hindernis für den Frieden im Nahen Osten wären, dann frage ich mich, weshalb die Palästinenser in Gaza noch weiter auf jüdische Städte schießen? Israel hat alle einundzwanzig Siedlungen im Gazastreifen geräumt und somit die Hindernisse aus der Welt geschafft, oder?

Das eigentliche Friedenshindernis für Israels Gegner ist die Existenz des jüdischen Staates. Wenn die Palästinenser bereit wären, die Existenz dieses Staates anzuerkennen und den Paragrafen in ihrer Verfassung zu streichen, der zur Vernichtung Israels aufruft, dann würde die Situation positiver aussehen.

17. Die Raubvögel

Direkt nach meinem dreijährigen Militärdienst bei der israelischen Marine wanderten meine beiden besten Freunde aus Israel aus. Sie glauben nicht an Gott und an seine Verheißungen. »Deshalb«, so sagten sie, »haben wir hier nichts verloren. Wenn Gott uns wirklich auserwählt hätte, warum hat er uns dann dieses kriegerische Land gegeben, warum nicht die Schweiz?« Der eine ging nach Las Vegas und ist mittlerweile einer der populärsten Pokerspieler dort. Der andere wanderte nach Australien aus. Warum ausgerechnet dorthin? Weil Australien nur von Meeren umgeben ist, im Gegensatz zu Israel, das nur von Feinden umzingelt ist. Er hatte »die Nase voll« von dem ständigen Kriegszustand.

Wenn ich nicht an Gott und seine Verheißungen glauben würde, hätte ich höchstwahrscheinlich damals dieselbe Entscheidung getroffen. Ich nehme es meinen Freunden nicht übel, denn wer nicht an Gott glaubt, hat jeden rationalen Grund, Israel zu verlassen. Israel ist umzingelt von feindlichen Nachbarstaaten, die sich die Vernichtung Israels wünschen; der Iran baut eine Atombombe gegen Israel; die Medien bringen Israel in Verruf, was zu einem immer größeren Hass gegen Israel führt; und die UNO verurteilt den kleinen Staat bei jeder Gelegenheit. Das sind menschlich gesehen gute logische Gründe, nicht in Israel zu leben.

»Verlass deine Heimat, deine Verwandten und die Familie deines Vaters und geh in das Land, das ich dir zeigen werde! Von dir wird ein großes Volk abstammen. Ich will dich segnen und du sollst in der ganzen Welt bekannt sein. Ich will dich zum Segen für andere machen. Wer dich segnet, den werde ich auch segnen. Wer dich verflucht, den werde ich auch verfluchen. Alle Völker der Erde werden durch dich gesegnet werden.« (1. Mose 12,1-3). Hier verkündet Gott dem Abraham erstmals das Evangelium, dass er durch sein Volk Erlösung in die ganze Welt bringen wird. Die Verkündigung des Evangeliums fing daher nicht erst im Neuen Testament an. Manche Leute meinen, dass Gott sich irgendwie verrechnet hatte und dann seinen Sohn als »Plan B« schickte. Nein, es war alles schon von Gott vorausgeplant.

»Die Schrift wies bereits auf die Zeit voraus, in der Gott auch die Völker wegen ihres Glaubens annehmen würde. Gott hat Abraham diese gute Botschaft schon vor langer Zeit verheißen, als er sagte: ›Alle Völker werden durch dich gesegnet werden.‹« (Galater 3,8). Hiermit ist der Fokus dieser himmlischen Verheißung der Welterlösung auf Jesus ausgerichtet, wobei Israel nur eine Nebenrolle spielt, als eine dienende Nation für diesen Zweck der Erlösung der Welt. Dafür wurde es von Gott auserwählt! Man könnte es auch so ausdrücken: »Israel existiert für Jesus!«

Israel wurde für eine ganz bestimmte Rolle in Gottes Heilsplan für die Welt auserwählt. Diese Auserwählung darf man nicht als eine rassistische Bevorzugung Gottes verstehen, sondern eher aus einem funktionellen Blickwinkel. Denn Gott wählt nicht, wie Menschen auswählen. Wir wählen das Beste und Schönste nach unserer Vorstellung aus, Gott aber wählt jemanden aus, um ein Segen für alle anderen zu sein. So erwählte Gott Israel als sein Werkzeug, mit dem er alle anderen Nationen erlösen und wieder mit sich versöhnen will.

Jesus sagte, »die Erlösung kommt durch die Juden«. (Johannes 4,22). Diese Aussage darf in unseren Ohren nicht falsch klingen, als käme die Erlösung von ihnen, weil sie heiliger oder besser wären. Nein, er sagte, dass durch sie als Werkzeug zuerst das heilige Wort Gottes und dann der Retter kommen wird. Durch sie sollte in Zukunft Gottes Heilsplan erfüllt werden. Das alles wird aus dem jüdischen Volk hervorkommen, weil Gott sie dafür auserwählt hat und nicht, weil sie es verdient haben. Auf der einen Seite ist es ein Vorrecht, von Gott auserwählt zu sein, aber wie Gott Abraham voraussagte, ist es bestimmt nicht leicht. Das wollte Gott dem Abraham durch ein unvergessliches Erlebnis zu verstehen geben:

»Da befahl ihm der Herr: ›Bring mir eine dreijährige Kuh, eine dreijährige Ziege, einen dreijährigen Widder, eine Turteltaube und eine andere Taube.‹ Abram holte die Tiere und schlachtete sie. Er schnitt jedes einzelne der Länge nach durch und legte je eine Hälfte der anderen gegenüber. Die Vögel aber zerteilte er nicht. Raubvögel stießen auf die Kadaver herab, doch Abram jagte sie weg. Als die Sonne unterging, fiel Abram in einen tiefen Schlaf. Während er schlief, befiel ihn eine schreckliche, dunkle Angst.« (1. Mose 15,9-12). Das war ohne Zweifel eine höchst interessante Begegnung mit Gott.

Zwei Dinge passierten hier, nachdem Abraham die Tiere genommen, sie zerteilt und dann vor Gott niedergelegt hatte. Zunächst kamen die Raubvögel vom Himmel heruntergeschossen und versuchten, den Bund zu zerstören, den Gott soeben mit Abraham geschlossen hatte. Diese Raubvögel (»Ayt« auf Hebräisch) sind keine Spatzen, die man mal schnell wegjagen kann. Sie haben eine Flügelspannweite von zwei Metern und kommen immer in großen Schwärmen angeflogen. In Afrika wurden sie beobachtet, wie sie sogar öfter Leoparden von oben angreifen, indem sie mit gewaltiger Geschwindigkeit wie eine Rakete auf sie herunterschießen. Da möchte ich nicht dazwischen stehen. Abraham aber musste sie bis zum Sonnenuntergang wegscheuchen; deshalb wurde er so müde, dass er in einen tiefen Schlaf fiel.

Ein Geier in der Wüste Juda bei Ma'ale Adumim.

Das jetzige Israel ist auch müde von den vielen Existenzkriegen und dem Terror im Land. So müde, dass selbst die Regierung in einen tiefen Schlaf gefallen ist. Denn nur so kann man verstehen, weshalb die israelische Regierung immer wieder bereit ist, Land abzugeben, obwohl Israel dadurch bisher noch nie Frieden bekam. Wir sehen bei diesem Bund zwischen Gott und Abraham eine gewisse Reihenfolge im Ablauf des Geschehens, die wir mit dem heutigen Israel seit seiner Staatsgründung vergleichen können. Erst kämpft Abraham gegen diese Raubvögel, dann schläft er ein, und erst nach Einbruch der Dunkelheit greift Gott mit einer Feuerflamme ein. Israel musste auch seit 1948 ständig gegen alle arabischen Angriffe kämpfen. In den Jahren seit den Oslo-Abkommen (Anfang der 1990er-Jahre) zeigte sich eine gewisse Müdigkeit der Regierung, weil sie seitdem bereit ist, ihr Land abzugeben, obwohl kein Friede in Aussicht ist. Wenn es einmal so finster sein wird wie in Abrahams Fall, dann wird Gott sicher auch hier eingreifen.

»Als die Sonne untergegangen und es ganz dunkel geworden war, fuhr ein rauchender Feuerofen und eine flammende Fackel zwischen den Hälften der Kadaver hindurch. So schloss der Herr an jenem Tag einen Bund mit Abram und sprach: ›Ich werde dieses Land deinen Nachkommen geben, das ganze Gebiet von den Grenzen Ägyptens bis zum großen Fluss Euphrat.‹« (1. Mose 15,17-18).

Abraham hatte in seinem tiefen Schlaf einen Albtraum und »Schrecken und große Finsternis« überfielen ihn. Warum hat Gott das zugelassen? Was wollte Gott Abraham und seinen Nachkommen hierbei übermitteln? Damit hat Gott Abraham und dem Volk, das von ihm abstammen wird, etwas vorausgesagt, was sich so anhört:

»Wenn du bereit bist, dieses Werkzeug für meinen Heilsplan für die Welterlösung zu sein, dann sollst du wissen, dass du nicht nur der Mechanismus für diesen Plan sein wirst, aus dem ich meinen Messias hervorbringen werde, sondern dass du auch viel Leid zu tragen haben wirst.« Mit anderen Worten, von diesem Tag an werden die Raubvögel ständig versuchen, dich zu vernichten. Und wenn wir auf Israels Geschichte zurückblicken, stellen wir fest, dass diese Raubvögel fast in jeder Generation auf das jüdische Volk »herabstoßen«. Sagt nicht auch schon die Bibel in Psalm 83,5: »Sie sagen: ›Kommt, wir wollen das Volk Israel vernichten und die Erinnerung an diese Nation aus dem Gedächtnis der Menschen auslöschen.‹«?

Jedes Jahr, auch zu Zeiten von Jesus und bis zum heutigen Tag, liest man am Pessachabend in jedem jüdischen Haus die Pessach-Hagadah (Liturgiebüchlein); unter anderem liest man dort auch auf Hebräisch: »Bechol dor vador omdim alenu lechalotenu…«, was auf Deutsch heißt: »Die Verheißung, die Gott unserem Vater Abraham und uns in dem Bund gab, steht fest; nicht nur einmal versuchten sie, uns ein Ende zu machen, sondern in jeder Generation versuchten sie, uns auszulöschen, aber Gott der Herr rettete uns aus ihren Händen.« Von dem Tag an, als Gott sein Volk auserwählte, wollte der Teufel es schon vernichten. Angefangen bei den Amalekitern, welche die Kinder Israel schon in der Wüste auf ihrem Weg zum Gelobten Land ausrotten wollten. Wir lesen in der Bibel über viele solche feindlichen Völker, wie die Ammoniter, Moabiter, Midianiter und Philister, die alle in ihrer Generation gegen Israel zogen. Später kamen diese Raubvögel aus Assyrien, dann aus Babylon, Rom, Deutschland, den arabischen Nationen und vielleicht in Zukunft aus dem Iran. Aber so, wie die Raubvögel bei dem Bund mit Abraham keinen Erfolg hatten, werden die Feinde Israels es auch nicht schaffen, Israel zu vernichten.

Es ist zu allen Zeiten derselbe Konflikt. Und wegen dieser teuflischen Vernichtungsversuche gegen Israel, gegen das Werkzeug Gottes, können wir behaupten, dass der Konflikt um Israel, damals wie auch heute, ein geistlicher und kein politischer Konflikt ist. Es geht den Feinden Israels nicht um noch ein Haus mehr oder weniger in den jüdischen Siedlungen, sondern um die Bedeutung der jüdischen Siedlungen, die auf verheißenem Boden aufgebaut wurden. Denn das ist ein Zeichen, dass die Erfüllung der Verheißungen Gottes immer näher rückt.

Natürlich muss man fairerweise dazusagen, dass Israel auch für seine eigene Rebellion und Sünden gegen Gott leiden musste. Darüber lesen wir viel im Buch der Richter, Könige, Chroniken und bei den Propheten. Aber so sehr Israel auch für seine eigenen Sünden leiden musste, ging es auch durch sehr viel Leid, das durch und durch unbegründet und dämonisch war. Hierzu sagt Gott durch den Propheten Sacharja über das Leiden Israels: »Ich bin sehr zornig auf die Völker, die übermütig geworden sind. Denn mein Zorn auf mein Volk war nicht sehr groß, aber sie brachten ihm den Untergang.« (Sacharja 1,15). Es waren die Versuche der bösen Mächte der Finsternis, das jüdische Volk vom Erdboden auszulöschen. Damit will der Teufel Gottes Heilsplan zerstören.

Dieser Bund mit Abraham ist auch heute noch gültig, denn Gott steht zu seinen Bündnissen und er verändert sich nicht. Nur wir Menschen verändern uns und halten diesen Bund in unserem humanistischen Denken für altmodisch und nicht relevant für die heutige Politik Israels. So versuchen wir, die heutigen feindlichen Angriffe gegen Israel mit anderen Gründen zu erklären, zum Beispiel, Israel hätte den Palästinensern Land gestohlen und ihr Land besetzt.

Wir werden diese Raubvögel gegen Israel noch weiter kommen sehen, bis Gott eingreifen wird. Aber so wie bei dem Bund mit Abraham zuerst ein Albtraum kommen musste, nehme ich an, dass auch in dem heutigen Fall Israel noch Schlimmes durchmachen wird, bis die Erlösung des Herrn kommt. Aber sie wird wahrhaftig kommen!

18. Israels Erbschaft für eine Linsensuppe

»Er steht zu seinem Bund, zu dem Versprechen, das für tausend Generationen gilt. Diesen Bund schloss er mit Abraham und schwor

Isaak den Eid. Jakob bestätigte er ihn als feste Ordnung, ja ganz Israel als ewig gültiges Bündnis.« (Psalm 105,8-10).

Als die arabischen Länder um Israel im Nahen Osten mitten in ihren Revolutionen steckten, beharrten westliche Politiker darauf, dass dem Frieden im arabischen Nahen Osten keine Gefahr drohe. Lediglich die Stabilität des sogenannten »Friedensprozesses« in Israel, der sich um das Einschrumpfen der Grenzen Israels und die Bildung eines palästinensischen Staates ohne Juden im biblischen Kernland Judäa & Samaria bemüht, sei gefährdet.

Die meisten staatlichen Kirchen und auch viele Freikirchen auf der Welt lassen erstaunlicherweise Töne vernehmen, die diesen oben genannten Tendenzen sehr ähnlich sind. Sie sehen keinen Konflikt zwischen nötiger biblischer Versöhnung (zwischen Juden und Arabern) und ihrem Einsatz für die Gründung eines palästinensischen Staates. Die zahlreichen Bibelstellen, die sich mit dem Urteil Gottes für diejenigen beschäftigen, die das Land teilen (Joel 3-4), und die eindeutige Landesverheißung an Isaaks Nachkommen werden einfach beiläufig als Meinungsunterschiede von theologischen und politischen Überzeugungen dargestellt – und nicht als unveränderliche Richtlinien Gottes.

Es ist zweifellos zutreffend, dass das Thema des Landbesitzes Israels heutzutage das wesentliche »heiße Eisen« ist. Die Bibel sagt uns voraus, dass dieses »heiße Eisen« immer heißer wird, je mehr wir uns den Tagen nähern, wenn Jesus nach Jerusalem zurückkommen wird. »An jenem Tag mache ich Jerusalem für alle Völker zu einem Laststein. Alle, die versuchen ihn aufzuheben, werden sich schwer daran verletzen.« (Sacharja 12,3).

Nur Gottes Wort kann uns helfen, eine Lösung für diesen Konflikt zu finden. Dazu gehört die Bedingung und Bereitschaft, seine Verheißungen durch Abraham in Bezug auf das Eigentumsrecht des Landes Israel zu akzeptieren; auch wenn so etwas heute in unserer Gesellschaft nicht »politisch korrekt« klingt.

Hatte Abraham die Absicht, das Land an alle seine Kinder zu verteilen oder nur dem Sohn der Verheißung? Wenn wir Abrahams ursprüngliche Absichten entdecken, bedeutet das dann, dass Juden und Araber bereit sein werden, Abrahams Erbschaft hinsichtlich der Landesverheißungen durchzutragen?

Eine Bemerkung von Präsident Obamas Staatssicherheitsberater und Marinegeneral James Jones zeigte eine merkwürdige theologische Schräglage, die aus dem Mund eines westlichen Politikers ziemlich ungewöhnlich klang. Jones sagte: »Ich glaube, wenn Gott im Jahr 2009 Präsident Obama erschienen wäre, hätte er ihm geraten, dass er, wenn er auch nur eine Sache auf diesem Planeten richtig machen will, sich um die Fertigstellung der Zwei-Staaten-Lösung in Israel kümmern sollte.« General Jones fügte noch hinzu, dass der israelisch-palästinensische Konflikt der »Knoten ist, der sich in der Mitte aller Konflikte befindet«.[13]

Mit allem Respekt vor den theologischen Überzeugungen des amerikanischen Generals in dieser Angelegenheit sollte er wissen, dass ohne göttliche Vollmacht niemand im Namen Gottes – im Namen des Herrn der Armeen (»Zebaot«) – sprechen darf. Ein Aufruf an den Präsidenten mit schicken und modernen Worten wie »Lösung« oder »Versöhnung« können diese göttliche Vollmacht, die wir allein im Wort Gottes finden, nicht ersetzen.

Auf dem Sterbebett eines Menschen generell und in diesem Fall auch bei Abraham wird sein Verstand häufig überraschend scharf. Sein entscheidender Wunsch ist es oft, sich absolut zu versichern, dass sein letzter Wille und Testament aufgeschrieben wird. Kein Frisieren, keine Kompromisse und keine bevorzugten Lieblinge. »Denn Gott bevorzugt niemanden.« (Römer 2,11). »Nicht alle Nachkommen Abrahams sind deshalb schon seine wahren Kinder. Denn in der Schrift heißt es: ›Nur die Nachkommen Isaaks sollen als deine Nachkommen bezeichnet werden.‹ Das bedeutet, dass die leiblichen Nachkommen Abrahams nicht zugleich Kinder Gottes sind. Sondern als wahre Kinder Abrahams gelten nur die, die nach der Zusage Gottes von ihm abstammen. Denn Gott hatte Abraham versprochen: ›Nächstes Jahr um diese Zeit werde ich zurückkehren. Dann wird Sara einen Sohn haben.‹ Und so war es nicht nur bei Sara, sondern auch bei Rebekka, die von unserem Stammvater Isaak mit Zwillingen schwanger wurde. Doch schon vor der Geburt, noch bevor die Kinder irgendetwas Gutes oder Böses getan hatten, sprach Gott zu Rebekka. Dies geschah nach dem feststehenden Willen Gottes und seiner freien Wahl, die nicht abhängt von Taten, sondern allein von seiner Entscheidung. So sprach er zu Rebekka: ›Der Ältere wird dem Jüngeren dienen.‹« (Römer 9,7-12).

In 1. Mose 25 werden Abrahams Vorbereitungen für sein Sterben beschrieben: »Abraham vermachte seinem Sohn Isaak seinen ganzen Besitz. Den Söhnen seiner Nebenfrauen gab er Geschenke und schickte sie, als er noch lebte, in das Land des Ostens, damit sie nicht in der Nähe von Isaak wohnten.« (Vers 5-6).

Abraham hatte nach Saras Tod noch eine andere Frau geheiratet, Ketura. Er hatte sechs Söhne von ihr, und doch bezeichnet die Bibel sie mit »Söhne der Nebenfrauen«. Obwohl sie biologisch von ihm abstammten, unterschied Abraham zwischen ihnen und seinem Sohn der Verheißung Isaak. Als er ihnen Abschiedsgeschenke gab, schickte er sie »nach Osten« – weit entfernt vom Land Israel. Denn diese Erbschaft war allein dem Isaak verheißen worden.

Dedan und Saba, Jokschan und Midian – diese Söhne von Ketura siedelten als arabische Stämme in den Wüsten von Arabien. Abrahams Absicht war klar – nur Isaak und seine Nachkommen, das Volk der Verheißung, werden seinen Segen für ein zukünftiges Leben im Land Israel bekommen.

Die Bibel erklärt uns, dass Gottes Wahl von Isaak zum alleinigen Erben des Landes kein Zufall war. Es war Gottes ursprünglicher Heilsplan. Gott hatte Abraham wiederholt erklärt, dass dies so sein würde. Abraham glaubte Gott und es wurde ihm als Gerechtigkeit angerechnet.

Schon das erste Gespräch zwischen Gott und Abraham betrifft das Land als Erbschaft für das jüdische Volk: »Dann befahl der Herr Abram: ›Verlass deine Heimat, deine Verwandten und die Familie deines Vaters und geh in das Land, das ich dir zeigen werde! (...) Ich werde dieses Land deinem Nachkommen geben!‹« (1. Mose 12,1.7).

Etwas später sagte Gott zu Abraham: »Nachdem Lot fortgezogen war, sprach der Herr zu Abram: ›Schau dich nach allen Seiten um. Dieses ganze Land, das du siehst, werde ich dir und deinen Nachkommen für immer zum Besitz geben. Und ich werde dir so viele Nachkommen schenken, dass man sie nicht zählen kann – so wie der Staub auf dem Erdboden! Mach dich auf den Weg und durchzieh das ganze Land, denn ich werde es dir geben.‹« (1. Mose 13,14-17). Bei dieser Zusage Gottes stand Abraham auf einem Berg, der deshalb bis heute »Berg Abraham« heißt und sich mitten in Judäa und Samarien (den sogenannten »besetzten Gebieten«) befindet; gegenüber der beiden Berge Garizim und Ebal.

Als Gott dann seinen Bund mit Abraham schloss, war das Land als exklusive Erbschaft für das jüdische Volk wieder ein zentraler Bestandteil der Offenbarung: »Dann sprach der Herr zu ihm: ›Ich bin der Herr, der dich aus Ur in Chaldäa geführt hat, um dir dieses Land zu geben.‹ Doch Abram entgegnete: ›O allmächtiger Herr, wie kann ich sicher sein, dass ich es wirklich bekommen werde?‹ Da befahl ihm der Herr: ›Bring mir eine dreijährige Kuh, eine dreijährige Ziege, einen dreijährigen Widder, eine Turteltaube und eine andere Taube.‹ Abram holte die Tiere und schlachtete sie. Er schnitt jedes einzelne der Länge nach durch und legte je eine Hälfte der anderen gegenüber. Die Vögel aber zerteilte er nicht. Raubvögel stießen auf die Kadaver herab, doch Abram jagte sie weg. Als die Sonne unterging, fiel Abram in einen tiefen Schlaf. Während er schlief, befiel ihn eine schreckliche, dunkle Angst. Da sprach der Herr zu Abram: ›Du sollst wissen, dass deine Nachkommen Fremde in einem fremden Land sein werden. Sie werden 400 Jahre lang als Sklaven unterdrückt werden. Doch ich werde das Volk, das sie unterdrückt, bestrafen. Am Ende werden sie mit großen Reichtümern von dort wegziehen. Du aber wirst ein hohes Alter erreichen und in Frieden sterben. Erst wenn die Sünde der Amoriter das Maß voll gemacht haben wird, werden deine Nachkommen nach vier Generationen hierher zurückkehren.‹ Als die Sonne untergegangen und es ganz dunkel geworden war, fuhr ein rauchender Feuerofen und eine flammende Fackel zwischen den Hälften der Kadaver hindurch. So schloss der Herr an jenem Tag einen Bund mit Abram und sprach: ›Ich werde dieses Land deinen Nachkommen geben, das ganze Gebiet von den Grenzen Ägyptens bis zum großen Fluss Euphrat – das Land der Keniter, Kenasiter, Kadmoniter, Hetiter, Perisiter, Refaïter, Amoriter, Kanaaniter, Girgaschiter und Jebusiter.‹« (1. Mose 15,7-8.12-20).

Die Bibel berichtet uns auch, dass die Landverheißung dem ganzen jüdischen Volk für alle Zeit und Ewigkeit gilt. Sogar der Name des Landes wird nicht mehr »Kanaan« genannt, und auch die vorhergehenden Kanaaniter werden keinen Anspruch auf dieses Land mehr haben.

Diejenigen, die auch nur gewisse Gebiete des Landes Israel »Palästina« nennen, aus Respekt vor den Arabern bzw. Palästinensern (obwohl der Ausdruck »Palästinenser« eigentlich von einem römischen Versuch des Judenhassers Kaiser Hadrian stammt, das Land nach den Philistern, den biblischen Feinden Davids, umzubenennen und damit zu verfluchen), sollten die prophetische Vorgabe betrachten: »Dieser Bund zwischen uns soll auch für die kommenden Generationen gelten, er wird für alle Zeit Gültigkeit haben zwischen mir und deinen Nachkommen. Ich will dein Gott und der Gott deiner Nachkommen sein. Ja, ich will dir und deinen Nachkommen das ganze Land Kanaan, in dem du jetzt als Fremder lebst, für immer geben. Und ich will ihr Gott sein.« (1. Mose 17,7-8).

Was geschieht aber dann mit Ismael? Die Bibel erläutert unmissverständlich, dass Ismael und seine Nachkommen nie das Land

Israel erben werden: »Da forderte sie Abraham auf: ›Jag diese Sklavin und ihren Sohn fort! Ich will nicht, dass mein Sohn Isaak sich mit ihm unser Erbe teilen muss!‹ Das gefiel Abraham gar nicht, denn Ismael war schließlich auch sein Sohn. Gott aber sprach zu Abraham: ›Ärgere dich nicht wegen des Jungen und deiner Sklavin. Tu alles, was Sara verlangt, denn nur die Nachkommen Isaaks sollen als deine Nachkommen bezeichnet werden. Doch ich werde auch aus Ismaels Nachkommen ein Volk machen, weil auch er dein Sohn ist.‹« (1. Mose 21,10-13).

Auch die Prophezeiung des Engels des Herrn in 1. Mose 16 drückt deutlich aus, dass Ismaels Nachkommen »gegen sie« und in »Feindseligkeit« mit dem jüdischen Volk leben werden. Mit anderen Worten, dieses Land wird nicht mit Isaak geteilt und wird Isaak auch nicht aus Freundlichkeit Ismael gegenüber weggenommen! »Du wirst einen Sohn bekommen. Nenne ihn Ismael, denn der Herr hat deine Hilferufe gehört. Dein Sohn wird ungezähmt sein wie ein wilder Esel! Er wird sich gegen alle stellen und alle werden gegen ihn sein. Ja, er wird mit allen seinen Brüdern im Streit leben.« (1. Mose 16,11-12).

Was als eine Verspottung gegen Sarah und Isaak durch Hagar und Ismael angefangen hatte (1. Mose 21,9; 16,4), endete mit einem Hass der meisten Araber gegen das jüdische Volk bis in unsere Tage. In der Bibel offenbart uns Gott, dass diese Wunde einmal durch Jesus geheilt werden wird. Dieser Streit muss biblisch angegangen und behandelt werden, denn sein Ursprung liegt auch in den biblischen Verheißungen, die allein von Gott beschlossen wurden.

In dem prophetischen Wort, das als das Lied des Mose bekannt ist (5. Mose 31,30), finden sich viele wichtige Enthüllungen. Mose war erfüllt mit dem Heiligen Geist, als er sang: »Als der Höchste den Völkern ihren Erbbesitz zuwies, als er die Menschen voneinander trennte, setzte er die Grenzen zwischen den Völkern fest, gemäß der Zahl der Israeliten. Doch Israel gehört dem Herrn, Jakob ist sein besonderes Eigentum. Er fand sie in einem öden Land, in der weiten, einsamen Wüste. Er umgab sie und wachte über sie, er behütete sie wie seinen Augapfel.« (5. Mose 32,8-10). In diesem Abschnitt macht Gott unmissverständlich klar, dass allein er es ist, der nationale Grenzen setzt. In der Bibel beschreibt er Israels Grenzen in ihren Einzelheiten (z. B. 1. Mose 15,19-20), und sie sind nach seinen Prioritäten für das jüdische Volk bestimmt. Mit anderen Worten, es ist nicht die arabische Welt, nicht die EU, die USA oder das Nahost-Quartett, auch nicht Israel, das berechtigt ist, über die Grenzen des jüdischen Staates zu bestimmen. Allein Gott wird diese Angelegenheit entscheiden; somit ist der Fall geschlossen, und es sind seine theologischen und politischen Ansichten, die diese Debatte gewinnen werden. Wenn sich aber etwas ändern sollte, dann sind das die Grenzen der anderen Nationen entsprechend ihrem Umgang mit dem jüdischen Volk und seinem Staat (1. Mose 12,3; Jeremia 30,16-17 usw.).

Die Bibel äußert sich in dem, was Ismael anbetrifft, ebenso klar wie über Esau (alias Edom oder Seïr), Isaaks erstgeborenen Sohn von Rebekka. Esau/Edom und sein Samen werden nie das Land Israel übernehmen. Esaus wohl mögliche Erbschaft des Landes wurde entscheidend nicht nur einmal, sondern zweimal durch Gottes prophetisches Wort blockiert. Die erste Vorhersage traf bereits vor seiner Geburt ein: »Der Herr antwortete ihr [Rebekka]: ›Zwei Völker sind in deinem Bauch und zwei Nationen werden sich aus deinem Innern trennen. Das eine Volk wird stärker sein als das andere und der Große wird dem Kleinen dienen.‹« (1. Mose 25,23). Beim zweiten Mal verspielte Esau seine Chance durch seine Apathie und seinen Unglauben hinsichtlich der Verheißung – als er auf sein Erstgeburtsrecht für eine einfache Linsensuppe verzichtete (1. Mose 25,29-34).

Heute soll Israel wieder auf seine Erbschaft für eine Art Linsensuppe verzichten, für einen falschen Frieden mit den Arabern, der nur so lange halten wird, bis der Suppenteller leer ist.

Viele Jahre später kommt Hesekiel mit einer prophetischen Rüge auf die Edomiter zu, wegen ihrer Versuche, das Land Israel für die arabischen Nationen zu beanspruchen. Obwohl die Angelegenheit, sofern es die Verheißungen Gottes betraf, bereits abgeschlossen war, versuchten damals schon arabische Völker, Gottes biblische Verheißungen zu verletzen, nämlich durch ständige Versuche, den jüdischen Staat (teilweise oder im Ganzen) dem jüdischen Volk zu entreißen. Das setzt sich bis zum heutigen Tag fort. Auch in Hesekiel 36,2 nennt Gott die Edomiter »seine Feinde«, weil sie wieder versuchen werden, die ewigen Höhen zu ihrem Eigentum zu machen. Gott sagt, dass ihre eigentlichen Motive hinter diesen Aktivitäten »Schadenfreude und Verachtung« sind (Vers 5) und weil sie das Land Israel schlecht behandelt haben, werden sie verwüstet, geplündert und verachtet.

Er tadelt auch die Nationen, die mit Edoms Ansprüchen übereinstimmen, indem sie das Volk Israel und ihren Staat mit böswilligen Gesprächen beschuldigen, es verleumden. »Deshalb weissage und sag: ›So spricht Gott, der Herr: Weil ihr verwüstet worden seid und man von allen Seiten nach euch geschnappt hat, sodass ihr nun den restlichen Völkern gehört und verhöhnt und verleumdet werdet.‹« (Hesekiel 36,3). Dies hat sich durch die viele negative, antiisraelische Medienberichterstattung und Propaganda der Feinde Israels erfüllt.

Hesekiels prophetisches Wort stimmt nicht mit den heutigen »politisch korrekten« Meinungen überein. Der britische Außenminister William Hague hätte möglicherweise auch damals dem Propheten Hesekiel zugerufen, er sei »kriegerisch«. Mit diesem Vorwurf rügte William Hague[14] den israelischen Ministerpräsidenten Netanjahu, als dieser die Zuverlässigkeit Ägyptens während ihrer Revolution (2011) infrage stellte.

Einfach ausgedrückt verletzen diejenigen, welche die Gründung eines palästinensischen Staates in Israel befürworten, damit Gottes prophetisches Wort durch seinen Propheten Hesekiel. Die

Befürwortung einer Aufteilung des Landes Israel zwischen Juden und Arabern wird schließlich Gottes brennenden Eifer und sein Gericht schneller herunterholen, wenn er kommen wird, um die Nationen laut Joel 3 und Sacharja 14 zu richten.

Ist es nicht eine Ironie, dass die arabischen Nationen einerseits stolz auf ihre Nachkommenschaft von Abraham sind und diese auch gerne in Anspruch nehmen, sich gleichzeitig aber weigern, sein Versprechen zu akzeptieren, Isaak das Gelobte Land zu vererben?

III. Als messianischer Jude in Israel

19. Hochzeitsreise und Saudis

Es sollte eine Überraschung sein. Einige Wochen vor unserer Hochzeit buchte ich für meine zukünftige Frau Ziona und mich eine romantische Kreuzfahrt auf den karibischen Inseln. Die zahlte ich noch in den folgenden drei Jahren ab, aber es sollte etwas Besonderes sein. Der Flug nach San Juan in Puerto Rico, wo die Kreuzfahrt starten sollte, ging schon früh am Morgen nach der Hochzeit los. Ziona wusste nichts von meinen Plänen. Neben den vielen Hochzeitsvorbereitungen packte ich heimlich einen Koffer für uns beide und hielt die Pässe in meinem Hochzeitsanzug bereit.

Die ersten Hochzeitsgäste waren schon angekommen. Nur meine engen Freunde wussten von meinen »Entführungsplänen«, die direkt nach der Hochzeitsfeier um Mitternacht in die Tat umgesetzt werden sollten, weil der Flieger schon um drei Uhr nachts startete. Die Feier war schön und die Gäste genossen ein gutes Essen und einen fröhlichen Abend. Wie das so üblich ist, gingen Ziona und ich nach der »Chuppa« (jüdischer Hochzeitsbaldachin) von Tisch zu Tisch und begrüßten die Gäste. Dann auf einmal geschah das Unglaubliche. Eine von den vielen Tanten meiner Frau, die ich vorher noch nie gesehen hatte, fragte Ziona, ob sie sich auf die Karibik freue? Alles um mich herum schwieg und für mich blieb die Zeit stehen. Ich traute meinen Ohren nicht. Das war doch ein Geheimnis! Wer hatte ihr das verraten? Ziona schaute mich merkwürdig an und ich zog sie sofort von diesem verräterischen Tisch weg. Die Tante rief uns noch nach, dass sie auch schon dort gewesen war. Das war also der Grund, weshalb sie es verriet: Sie wollte damit nur etwas angeben und ahnte nicht, dass sie dadurch meine Überraschung verraten hatte. Ziona bohrte danach so lange herum, bis ich ihr meine Pläne für unsere weit entfernte Hochzeitsreise erzählte. Sie jubelte und umarmte mich vor lauter Freude. Weil wir schon in derselben Nacht wegfuhren, hatte ich keine Gelegenheit mehr herauszufinden, woher diese Tante das erfahren hatte. Es war mir jetzt auch egal, denn ich war mit meinen Gedanken schon in der Karibik.

Die Uhr schlug Mitternacht. Es konnte losgehen. Mein Freund brachte uns mit den im Voraus gepackten Koffern zum Ben-Gurion-Flughafen. Dort rannten wir frisch verheiratet, sie in ihrem wunderschönen Hochzeitskleid und ich in meinem Anzug, zum Check-in und genossen die vielen erstaunten Blicke der anderen Fluggäste im Flughafen.

Der lange Flug ging über New York und von dort nach San Juan. Ziona freute sich über dieses spannende Abenteuer mit ihrem Mann. Allerdings wusste sie damals noch nicht, dass dies bloß das erste von den vielen Abenteuern war, die sie mit mir erleben sollte.

Das große weiße Kreuzfahrtschiff war schon aus der Ferne nicht zu übersehen. Es ankerte in all seiner Pracht als größtes Schiff, hoch über alle anderen Schiffe hinausragend, im Hafen von San Juan. Die Matrosen mit ihren weißen Uniformen und Matrosenmützen rannten auf dem Deck herum, um die letzten Vorbereitungen für die Fahrt zu erledigen.

Jetzt kam mir unser Raketenschiff bei der Marine auf einmal winzig klein vor. Und solche großen Schiffe waren es, die wir öfter einmal anhalten und durchsuchen mussten. Jetzt war ich selbst auf solch einem Schiff, aber weit von der israelischen Marine entfernt.

Die dicken Taue wurden losgebunden und die Fahrt ging los. Tagsüber hielt das Schiff jeweils an einer anderen Insel, wo wir dann aussteigen konnten und nachmittags wieder zurückkehrten. Die winzige Insel Aruba, nördlich von Columbia und Venezuela, gefiel uns am besten und hatte den schönsten Strand. Der Kontrast des weißen Sandes am Strand zu dem blauen, klaren Meerwasser bildete einfach eine traumhaft romantische Atmosphäre.

Ziona und Doron auf ihrer Hochzeitsreise in Aruba.

Jeweils am Abend gab es ein festliches Essen an reservierten Tischen. Drei Ehepaare saßen an jedem Tisch. Da wir nicht die einzigen Israelis auf dem Schiff waren, sondern noch ein anderes Ehepaar aus Israel kam, setzte man uns zusammen an einen Tisch. Jetzt waren wir gespannt, wer noch bei uns sitzen würde.

Da kam auch schon ein arabisch aussehender junger Mann mit einer jungen amerikanischen Dame auf uns zu und fragte, ob dies der Tisch Nummer sieben wäre? Das war er, und schon setzten die beiden sich zu uns. Der junge Mann kam aus Saudi-Arabien. Erst stutzten wir ein wenig verlegen und dachten so vor uns hin, was sich die Schiffsmannschaft wohl dabei gedacht hatte, einen Araber aus Saudi-Arabien zusammen mit Israelis an einen Tisch zu setzen? Vielleicht meinten sie, auf diesem Weg Frieden im Nahen Osten zu stiften? Da saßen wir nun direkt ihnen gegenüber und kamen unerwartet schnell ins Gespräch. Er kam aus einer muslimischen Familie, lebte aber mit seinen reichen Eltern in Amerika. Mit seiner amerikanischen Freundin war er heimlich auf diese Kreuzfahrt gegangen. Seine Eltern, so sagte er, würden ihn umbringen, wenn sie davon erführen. Er hatte ihnen erzählt, dass er mit einem Freund einen Ausflug nach New York machte.

Dann studierten wir erst einmal die verschiedenen Gerichte auf der großen Speisekarte, die alle so schwierige französische Namen hatten. Es dauerte etwas länger, weil wir versuchten, die vielen Menüs mit Tintenfischen, Hummern und Schweinefleisch zu umgehen. Weil Muslime, so wie die Juden, auch kein Schweinefleisch essen, hatten wir eine erste Gemeinsamkeit und erforschten die Karte miteinander. Als Vorspeise bestellten wir beiden »koscheren« Ehepaare jeweils eine Gemüsesuppe; dabei konnte ja nicht viel schieflaufen. Das andere israelische Ehepaar aß alles, was ihnen schmeckte.

Als jedem von uns der kleine Suppenteller vornehm serviert wurde, betete ich mit Ziona und dankte dem Herrn für das Essen. Kaum hatte ich das Amen ausgesprochen, sprang Mohamed fast über den Tisch, wobei sein Suppenteller umkippte, und er hielt seine Hände über unsere beiden Suppenteller. Was war denn jetzt los? »Nicht essen! Nicht essen!«, schrie er ganz aufgeregt. Alle Leute drehten sich neugierig zu uns, doch das störte ihn gar nicht. »Da sind kleine Speckwürfel drin,« warnte er uns. Diese Entdeckung hatte er gemacht, nachdem er den ersten Löffel Suppe schon geschluckt hatte. Er wollte uns nur davor warnen.

Seine Umsicht beeindruckte uns, und so wurden wir bald Freunde. Er als Muslim und Araber hatte sich wirklich große Mühe gemacht, um uns vor einem Gesetzesbruch zu warnen. Das führte das Tischgespräch in eine ganz spannende und biblische Richtung.

Unter den messianischen Juden in Israel gibt es verschiedene Meinungen über das Essen von dem im Judentum verbotenen

Schweinefleisch. Die einen sind davon überzeugt, dass sie nach ihrer Bekehrung zu Jesus von diesen alttestamentlichen Gesetzen frei sind, und nehmen das Erlebnis von Petrus auf dem Dach für sich in Anspruch. »Er hörte eine Stimme, die sprach zu ihm: ›Petrus, steh auf. Schlachte sie und iss davon.‹ ›Niemals, Herr‹, erklärte Petrus. ›In meinem ganzen Leben habe ich noch nie etwas gegessen, das uns nach unserem jüdischen Gesetz verboten ist.‹ Da sprach die Stimme zum zweiten Mal: ›Wenn Gott sagt, dass etwas rein ist, dann sag du nicht, dass es unrein ist.‹« (Apostelgeschichte 10,13-15).

Die anderen sind davon überzeugt, dass sie wegen ihrer Bekehrung zu Jesus diese Gebote jetzt erst recht mit größerer Aufmerksamkeit zu halten haben, da Jesus gekommen ist, um das Gesetz zu erfüllen. »Versteht nicht falsch, warum ich gekommen bin. Ich bin nicht gekommen, um das Gesetz oder die Schriften der Propheten abzuschaffen. Im Gegenteil, ich bin gekommen, um sie zu erfüllen. Ich versichere euch: Solange der Himmel und die Erde bestehen, wird selbst die kleinste Einzelheit von Gottes Gesetz gültig bleiben, so lange, bis ihr Zweck erfüllt ist. Wenn ihr also das kleinste Gebot brecht und andere dazu ermuntert, dasselbe zu tun, werdet ihr auch die Geringsten im Himmelreich sein. Dagegen wird jeder, der die Gesetze Gottes befolgt und sie anderen erklärt, im Himmelreich groß sein.« (Matthäus 5,17-19).

Wenn man diese beiden Bibelstellen betrachtet, könnte man meinen, die Bibel widerspräche sich. Nein, ich glaube, Gott wusste, warum er die beiden Richtungen so stehen ließ. Bei Gott kommt es nicht so sehr auf das Äußere an wie auf das Innere. Ihm ist viel wichtiger, wie wir mit unseren Geschwistern umgehen, ob wir ihnen ein Anstoß sind und sie zur Sünde verleiten oder ob wir uns untereinander aufbauen, und dass wir »eins« sind (s. Johannes 17,11), wie Jesus betete. Diese Einheit bedeutet Einheit im Geist und Glauben an ihn und nicht Einheitlichkeit in der Kleidung oder beim Singen, dass wir alle die Hände gleichzeitig heben oder klatschen müssten. »Nehmt den an, der im Glauben schwach ist, und streitet nicht mit ihm über unterschiedliche Meinungen. Während der eine zum Beispiel glaubt, man dürfe alles essen, verzichtet ein anderer auf Fleisch, weil sein Gewissen es ihm verbietet. Wer meint, er dürfe alles essen, soll nicht auf den herabsehen, der nicht alles isst. Und wer bestimmte Speisen meidet, soll den nicht verurteilen, der alles isst, denn Gott hat ihn angenommen. Wer bist du, dass du einen Diener Gottes verurteilst? Er ist dem Herrn verantwortlich, deshalb überlasst es Gott, sein Verhalten zu beurteilen. Der Herr hat die Kraft ihm zu helfen, sodass er das Richtige tun wird. Genauso ist es bei dem, der bestimmte Tage für heiliger erachtet als andere, während für einen anderen dagegen alle Tage gleich zählen. Entscheidend ist aber, dass jeder von dem überzeugt ist, was er denkt!« (Römer 14,1-5).

In der Bibel gibt es mehrere solche in den Gemeinden umstrittene Themen wie das Reden in Zungen, die Kopfbedeckung der Frauen, verschiedene Geistesgaben oder ob wir vor oder nach der Trübsal entrückt werden. Vor lauter Streit um diese Themen, die manchmal traurigerweise auch zu Gemeindespaltungen führen, vergessen wir die Tatsache, dass Gott sich dieser vielen verschiedenen Aussagen in der Bibel bewusst ist. Er hätte ja auch ganz klar sagen können, was wir dürfen und was wir nicht tun dürfen, so wie in den Zehn Geboten.

Gott möchte aber, dass wir über die äußerlichen Dinge hinwegschauen und lernen, mit unseren Geschwistern in Liebe umzugehen und nicht wie kleine Richter herumzulaufen. »Jeder von uns wird sich persönlich vor Gott verantworten müssen. Deshalb urteilt nicht mehr übereinander, sondern lebt so, dass ihr niemanden behindert und keinen vom Weg Gottes abbringt.« (Römer 14,12-13).

Genau darauf kommt es an, so zu leben. In Israel ist es wichtig, sich in diesem Fall an die koschere Speiseordnung zu halten, um kein Hindernis für die Israelis zu sein.

20. Schabbat oder Sonntag?

In der Bibel steht viel über den Schabbat. Er ist der siebte Tag in der Woche, an dem wir ruhen und nicht arbeiten sollen. »Denk an den Sabbat und heilige ihn. Sechs Tage in der Woche sollst du arbeiten und deinen alltäglichen Pflichten nachkommen, der siebte Tag aber ist ein Ruhetag für den Herrn, deinen Gott. An diesem Tag darf kein Angehöriger deines Hauses irgendeine Arbeit erledigen. Das gilt für dich, deine Söhne und Töchter, deine Sklaven und Sklavinnen, dein Vieh und für alle Ausländer, die bei dir wohnen.« (2. Mose 20,8-10).

»Keine Einfahrt am Schabbat und an Feiertagen.«

Müssen die Christen hiernach den Sonntag abschaffen und dafür den Samstag feiern? Das ist eine Frage, die sich Christen immer wieder stellen. So wie wir die restlichen neun Gebote Gottes versuchen einzuhalten, will man bei diesem auch keinen Fehler begehen. Dennoch gibt es in diesem Fall ein Problem für diejenigen, die außerhalb Israels in einem Land leben, wo der Sonntag den Platz des Schabbat eingenommen hat. Und besonders schwierig wird es für diejenigen, die am Samstag zur Arbeit gehen müssen und aus rein technischen Gründen, auch wenn sie wollten, nicht den Schabbat feiern können.

Alle europäischen Länder haben praktisch gesetzliche Einschränkungen der Sonntagsarbeit. So ist die Sonntagsruhe auch in Deutschland seit Kaiser Wilhelm II. gesetzlich geregelt und geht in ihren Ursprüngen auf die Gewerbeordnungsnovelle vom 1. Juni 1891 zurück.

In den meisten vom Christentum geprägten Ländern ist der Sonntag der wöchentliche Feiertag, an dem in fast allen Kirchen der Gottesdienst gefeiert wird. In der Zählung nach der christlichen Tradition ist er Feiertag, doch nach der jüdischen Tradition ist er der erste Arbeitstag der siebentägigen Woche, die traditionell am Abend des Schabbat endet.

Die Frage steht hiermit offen, ob es von Gott aus gesehen richtig ist, wenn Christen den Schabbat mit dem Sonntag ersetzen. Ich möchte zwei Gründe vorlegen, wonach Christen weiter den Sonntag feiern können, ohne dadurch das 4. Gebot zu brechen.

Die eigentliche Bedeutung des hebräischen Begriffs »Schabbat« lautet »Ruhetag« oder auch »Ruhepause«. Viele Christen, die heute die Bibel lesen, verstehen unter dem Wort »Schabbat« den »Samstag«. Weniger irreführend wäre es wohl, das Wort mit »Ruhetag« zu übersetzen. Samstag, Sonntag oder auch Montag usw. sind eigentlich nur Namen der Wochentage. Daher kann man schnell missverstehen, dass mit dem Gebot »Du sollst den Schabbat halten« unbedingt dieser gewisse Wochentag Samstag gemeint sein muss. Wenn aber ein Israeli dieses Gebot auf Hebräisch liest, denkt er zuerst an Ruhetag und danach an den Wochentag. So hat Gott uns eigentlich einen Ruhetag befohlen, den wir halten sollen. Ich glaube, dass es Gott an erster Stelle hier um einen Ruhetag geht, einen Tag, den wir für Gott heiligen, indem wir nicht arbeiten, sondern uns von den sechs Arbeitstagen ausruhen. »Haltet den Sabbat (Ruhepause), denn er soll euch heilig sein. (...) Arbeitet nur sechs Tage, der siebte Tag soll ein Tag vollkommener Ruhe (Sabbat) sein.« (2. Mose 31,14-15).

Gott hat uns geschaffen und weiß, dass wir Menschen einen Ruhetag in der Woche brauchen. Es ist ihm viel wichtiger, was wir an diesem Ruhetag machen, auf welche Weise wir ihm diesen Tag widmen, als dass wir unbedingt den Samstag oder Sonntag dafür nehmen. Der Wochentag ist nicht entscheidend, so wie wir Gott nicht mit unseren großen Opfergaben beeindrucken können, sondern die richtige Einstellung unseres Herzens Gott gegenüber brauchen. Welch einem wunderbaren Gott gehören wir an, der sich auch um unsere Ruhepausen sorgt!

Der zweite Grund, den Sonntag (und nicht unbedingt den Samstag) mit gutem Gewissen zu feiern, finden wir im Buch der Offenbarung. Die Feier dieses Ruhe- und Gebetstages wurde damals im Gedenken an die Auferstehung Jesu Christi auf den Sonntag verlegt. Weil diese Auferstehung nach den Evangelien am dritten Tage nach der Kreuzigung Christi, d. h. nach dem Schabbat geschah, wurde dessen von Johannes und den Jüngern als Tag des Herrn gedacht, den sie feierten: »Es war der Tag des Herrn, und ich betete im Geist.« (Offenbarung 1,10).

»Am ersten Tag der Woche versammelten wir uns, um das Abendmahl zu feiern.« (Apostelgeschichte 20,7). Paulus und die Kinder Gottes in Troas, wo er den Gottesdienst am Sonntag hielt und predigte, feierten auch das Abendmahl. Dieses Abendmahl haben sie von dem »Kiddusch« des vorigen Tags, dem Schabbat, auf den Sonntag übernommen. Denn dieses Brotbrechen und der Segensspruch über den Wein (Kiddusch) wird bis zum heutigen Tag im Judentum am Schabbateingang gefeiert. Das zerbrochene Brot wird gesalzen und symbolisiert damit das Opferfleisch, und der Wein symbolisiert das Blut des Opfers. Das Abendmahl ist eigentlich eine christliche Kidduschfeier, nur dass in diesem Fall Jesus als Opfer gemeint ist und nicht die Stiere und Lämmer, welche im Tempel geopfert wurden.

Was man beim christlichen Abendmahl nicht mit übernommen hat, ist das Salzen des gebrochenen Brotes, das aus 3. Mose 2,13 stammt: »Würzt alle eure Speiseopfer mit Salz! Vergesst es nie, euren Speiseopfern Salz hinzuzufügen: das Zeichen für die Beständigkeit des Bundes eures Gottes. Salzt alle eure Opfergaben.« Das hat sich mit Jesus erfüllt, denn er sagt: »Ihr seid das Salz der Erde. Doch wozu ist Salz noch gut, wenn es seinen Geschmack verloren hat? Kann man es etwa wieder brauchbar machen? Es wird weggeworfen und zertreten, wie etwas, das nichts wert ist.« (Matthäus 5,13).

Die Nachfolger Jesu, die durch sein Opfer am Kreuz erlöst sind, wurden mit dem Salz auf dem jüdischen Schabbattisch symbolisiert und sind jetzt das eigentliche Salz der Erde. Dieses Salz bzw. die Jünger von Jesus haben die Aufgabe, das Evangelium zu verbreiten, sonst geht die Menschheit verloren. Die Menschheit muss wieder durch das Evangelium »gesalzen« werden, damit das Reich Gottes, in dem wir endlich zur wahren Ruhe kommen werden, Einzug halten kann.

So werden sich alle jüdischen Feiertage einmal durch Jesus erfüllen, wie Paulus zu den Kolossern sagt: »Lasst euch deshalb von niemandem verurteilen, nur weil ihr bestimmte Dinge esst oder trinkt oder weil ihr bestimmte Feiertage, religiöse Feste oder Sabbate haltet oder nicht haltet. Denn diese sind nur ein Schatten des Zukünftigen. Die Wirklichkeit aber ist Christus selbst.« (Kolosser 2,16-17).

Der Schabbat als Ruhetag weist auf eine zukünftige Ruhe hin, die uns noch bevorsteht und die wir uns bemühen sollen zu erreichen. »Mit dieser Ruhe war nicht das Land Kanaan gemeint, in das

Josua das Volk Israel geführt hatte, denn sonst hätte Gott später nicht von einem neuen ›Heute‹ gesprochen. Es gibt also noch eine besondere Ruhe für das Volk Gottes, die noch in der Zukunft liegt. Wer in Gottes Ruhe hineingekommen ist, wird sich von seiner Arbeit ausruhen, so wie auch Gott nach der Erschaffung der Welt geruht hat. Deshalb wollen wir uns bemühen, in diese Ruhe hineinzukommen, um nicht wie sie durch den gleichen Ungehorsam vom Weg abzukommen.« (vgl. Hebräer 4,8-11).

Wenn man in Israel lebt und die orthodoxen Juden beobachtet, mit welchem Ernst und Eifer sie sich am Freitag auf den Schabbat vorbereiten, können wir uns daran ein Beispiel nehmen, wie wir uns selbst »befleißigen können, um in diese Ruhe einzugehen«.

Von meinem Wohnort haben wir einen schönen Blick auf den Ölberg. Wir schauen auf den schmalen Turm der Himmelfahrtskirche, die laut Tradition auf dem Platz steht, von dem aus Jesus in den Himmel stieg. Es ist schön zu wissen, dass er auf den Ölberg wiederkommen wird, aber es hilft uns nicht, den genauen Platz der Rückkehr zu wissen. Letztendlich kommt es nicht darauf an, wo und wann Jesus wiederkommen wird, sondern ob Sie und ich bereit sind.

21. Eine Bibelschule im Gefängnis

Die Kinder waren schon im Bett und ich sah mir noch die Nachrichten im Fernsehen an, als plötzlich das Telefon klingelte. »Hier spricht John«, sagte eine tiefe Stimme am anderen Ende der Leitung. »Ich rufe aus Kele Rimonim (Israels größtes Gefängnis) an.« Ich musste erst einmal schlucken und überlegen, welcher meiner Freunde im Gefängnis gelandet sein könnte.

»Ich habe deine Telefonnummer von einem Pastor bekommen.« In dem Moment erinnerte ich mich an ein Gespräch mit einem Pastor vor längerer Zeit, der mich um Erlaubnis gebeten hatte, einem Häftling meine Telefonnummer weiterzugeben.

Während er mir erzählte, wie er zum Glauben an Jesus gekommen war, wollte ich ihn ständig unterbrechen und fragen, weshalb er noch weitere zehn Jahre im Gefängnis sitzen muss. Aber irgendetwas hielt mich davon ab; vielleicht spürte ich die Gefahr, ihn in Zukunft immer in Anbetracht seines Verbrechens zu beurteilen. Das wollte ich nicht, denn ich spürte, dass er ein neuer Mensch in Jesus ist, und wenn Gott ihm seine Schuld vergeben und vergessen hat, dann wollte ich sie ihm nicht ständig in Gedanken vorhalten. Er erzählte mir, dass er es als seinen göttlichen Auftrag sieht, im Gefängnis das Evangelium zu verbreiten, da gäbe es so viele verlorene Seelen. »Ich bin zwar eingesperrt, aber ich fühle mich frei, wie ein Vogel in diesem Käfig. Ich will das Licht Jesu hier in diesem dunklen Ort, wo Mörder, Diebe und Vergewaltiger sind, verbreiten.« »Kann ich dir dabei irgendwie behilflich sein?«, fragte ich. »Ja!«, sagte er, und seitdem schicke ich ihm christliche Bücher, Filme und Bibeln in verschiedenen Sprachen. Mittlerweile sind wir gute Freunde geworden. Er ruft mich fast jeden Abend für ein Seelsorgegespräch oder Gebet an und ich gehe ihn oft zusammen mit meiner Familie besuchen.

Die Situation im Gefängnis ist schwierig, und für die meisten noch dazu hoffnungslos. Dort befinden sich Juden, Araber und Fremdarbeiter, aber um die Juden und Fremdarbeiter kümmert sich kaum jemand, in den meisten Fällen sogar ihre eigenen Familien nicht, weil sie sich ihrer schämen. In der arabischen Kultur ist das anders; auch wenn jemand in der Familie versagt hat und im Gefängnis landet, steht seine ganze Familie weiterhin hinter ihm. Solche Häftlinge werden nach Ablauf ihrer Strafe auch wieder von der Familie zu Hause aufgenommen. Wenn aber die Juden und Fremdarbeiter endlich ihre Zeit abgesessen haben und entlassen werden, haben sie in den meisten Fällen keinen, der draußen auf sie wartet, und wissen nicht, wo sie hingehen können. Ihre Familie will sie nicht mehr haben, und einen Arbeitsplatz zu finden, ist für einen Exhäftling schwierig. Oft begehen sie dann wieder ein Verbrechen, um zurück ins Gefängnis zu kommen, wo sie sich bis vor Kurzem noch sicher fühlten; manchmal begehen sie sogar Selbstmord. Die einzige Hoffnung für sie ist der Glaube an Jesus Christus.

Ich merkte, wie wenig ich vorher über die Situation in den Gefängnissen wusste und mich niemals darum gekümmert hatte. Dabei hat der Herr uns doch in Hebräer 13,3 befohlen, »Denkt an diejenigen, die im Gefängnis sind. Fühlt mit ihnen, als wärt ihr selbst dort. Teilt das Leid derer, die misshandelt werden, als würdet ihr ihren Schmerz am eigenen Körper spüren.« Für diese verlorenen Seelen sah sich John von Gott berufen. Er wollte sie zu Jesus führen und ihnen eine Hoffnung auch nach der Gefängniszeit bieten.

Meine Gemeindegeschwister erklärten sich sofort bereit mitzuhelfen. Die christlichen Bücher und Filme, die wir ins Gefängnis schickten, mussten nach jedem Gebrauch wieder in die Gefängnisbibliothek zurückgelegt werden; das ermöglichte jedem Häftling den Zugriff auf dieses christliche Material. Wenn wieder ein neues Buch, auch wenn es über den christlichen Glauben spricht, im Regal steht, dann wandert es von einer Zelle in die andere. So wurden in kurzer Zeit in vielen Zellen christliche Bücher gelesen, Predigten auf DVD gesehen bzw. gehört, und auch der Jesusfilm fand seinen Weg in die dunklen Zellen des Rimonim-Gefängnisses. Das Interesse für das neue Licht im Gefängnis stieg und John konnte dadurch gute Gespräche mit vielen hoffnungslosen Häftlingen führen. Schon nach kurzer Zeit kamen die ersten zwei zum Glauben an Jesus. Ein paar Monate später waren es schon drei, dann fünf und heute (2011) zwölf. Sie gehören zu unserer Gemeinde in Ma'ale Adumim, weil sie jeden Samstag zum Gottesdienst aus dem Gefängnis anrufen. Das Telefon klingelt kurz vor 10.00 Uhr und der Hörer wird über den Lautsprecher gehängt. Alle zwölf jungen Kinder Gottes singen beim Lobpreis kräftig mit und hören die Gute Botschaft. Auch die Gefängniswächter beobachteten die

Veränderung bei ihnen, diese fröhlichen Gesichter und die zufriedene Ausstrahlung!

Unser nächster Schritt war, eine Art Bibelschule bzw. Bibelunterricht im Gefängnis anzubieten. Aber die Genehmigung dafür konnte John erst dann bekommen, wenn er selbst an einer Bibelschule teilgenommen hatte. Ich versuchte bei mehreren Bibelschulen, einen Sonderkurs für einen Häftling zu arrangieren. Das war keine einfache Sache, weil John nicht persönlich in der Schule anwesend sein konnte. Ich bekam daher nur Absagen.

Wir wussten nicht mehr weiter und die Gefängnisbehörden stellten sich stur mit ihren Vorschriften. Ohne ein Abschlusszertifikat von einer Bibelschule war es auf keinen Fall möglich, eine eigene Bibelschule hinter den Gefängnismauern zu eröffnen. Jetzt hatten wir schon zwölf gläubige Häftlinge und noch einige Interessierte an einem der schrecklichsten Orte und wussten nicht, wie wir ihnen weiterhelfen konnten.

Aber Gott lässt uns niemals im Stich ... Zwei Wochen später erhielten wir ein großes Paket mit Lehrmaterial aus der Bibelschule und Glaubenszentrum in Bad Gandersheim.

Im Gefängnis gibt es Zeit genug (danach sehnen wir hier draußen uns manchmal sehr), und so konnte John sofort anfangen, emsig die dicken Bücher zu studieren. Es dauerte auch nicht lange, bis er mir per Telefon nachwies, dass er mit dem Lehrmaterial sehr gut vertraut war und alles durchgelesen hatte. Das übermittelte ich dem Glaubenszentrum und sie schickten ihm das erwünschte Zertifikat.

Die Bibelschule im größten Gefängnis Israels konnte eröffnet werden. Überall im Gefängnis hingen Einladungszettel für den Bibelunterricht. Er war offen für alle Interessenten, jeder konnte sich eintragen. Zu unserem Erstaunen meldeten sich 37 Häftlinge für den Kurs an, der dreimal in der Woche stattfinden sollte. Einige meldeten sich nur an, damit sie den anderen Gefängnisaufgaben entgehen konnten, aber auch ein paar von ihnen sind inzwischen Kinder Gottes geworden.

Wir besuchten John und andere gläubige Häftlinge fast alle zwei Wochen im Gefängnis, besonders auch diejenigen, die von ihren Familien verstoßen wurden; wir wurden zu ihrer Familie. Unsere Kinder malten ihnen bunte Bilder mit Bibelversen für ihre Zellen und beten für sie bei den Besuchen.

Einer von ihnen heißt Serge, er hat Aids. Seine Familie will keinen Kontakt mit ihm und seine Freunde haben ihn auch sitzen lassen. Er war so froh, dass wir ihn besuchen kamen und für ihn beteten; er konnte es einfach nicht fassen und weinte während der ganzen Besuchszeit. Mittlerweile ist er entlassen worden, geht in eine messianische Gemeinde in Tel Aviv und führt ein neues Leben.

Mit Hilfe des Bibelschulzertifikats aus Bad Gandersheim durfte John jede Woche in anderen Gefängnisabteilungen Bibelunterricht geben. Eldar, ein Neueinwanderer aus Russland, war der Erste, der sich in diesen Kursen bei ihm bekehrte. Eldar wurde von seinem Vater während seiner Kindheit misshandelt und hasste ihn deswegen. Sein Vater Nicolai saß in einem anderen Gefängnis. Eldar lernte in Johns Bibelstunden: Wenn er ein neues Leben mit Jesus beginnen will, muss er seinem Vater vergeben, sonst wird ihm selbst nicht vergeben. Eldar war so durstig nach dem lebendigen Wasser, dass er nicht lange nach seiner Bekehrung seinem Vater tatsächlich vergeben konnte. Er bat John sogar, er solle seinem Vater auch von Jesus erzählen. John hatte nicht viel Zeit, weil sein Vater Nicolai bald entlassen werden sollte.

Als John ihn bei der Arbeit auf dem Feld, woran Häftlinge auch aus anderen Gefängnissen teilnahmen, plötzlich traf, konnte er ihm von der positiven Veränderung seines Sohnes Eldar berichten, besonders von der Vergebung und Liebe, die sein Sohn jetzt für ihn durch seinen neuen Glauben gefunden hat. Einen Tag bevor Nicolai entlassen wurde gab ihm John meine Telefonnummer mit auf den Weg, falls er draußen Hilfe für eine Arbeitsstelle oder anderes benötigte.

Zwei Monate später rief Nicolai mich aus Afula an und ich verwies ihn zu einer Gemeinde in Tiberias. Dort ging er ab und zu in den Gottesdienst, aber eigentlich ging er lieber zum Hauskreis, weil dieser auf Russisch stattfand.

Dann hörte ich länger nichts mehr von ihm, bis ich auf einer meiner Vortragsreisen in Deutschland war und eines Nachts schon tief schlief. Es war meine letzte Nacht, bevor ich nach Israel zurückflog. Ich hatte meinen letzten Israelvortrag in Frankfurt beendet, dann fuhr ich noch zwei Stunden bis ins Hotel, und um drei Uhr morgens weckte mich mein Mobiltelefon. Es war Eldars Vater, Nicolai. Er wollte sich das Leben nehmen. Er klang etwas betrunken und erklärte mir, dass all das, was wir ihm über Jesus und den Glauben erzählten, nicht für ihn geeignet wäre. »Nein, ich habe die Nase voll von diesem Leben. Was ihr mir erzählt habt, klappt nicht...« Ich kämpfte mit meiner Müdigkeit und gleichzeitig mit den Mächten der Finsternis, die versuchten, Nicolai von seiner Entscheidung für Jesus abzuhalten. Wir unterhielten uns eine Stunde am Telefon, obwohl ich merkte, dass er mir wegen seiner Trunkenheit nicht richtig zuhörte. Ich konnte ihm in diesem Fall nicht einfach sagen: Ruf mich morgen wieder an; das hätte zu spät sein können. Irgendwie gelang es mir, ihm Hoffnung zu machen, und ich vereinbarte mit ihm ein Treffen am nächsten Tag, wenn ich wieder in Israel war; ich würde dann nach Afula in den Norden fahren. Das Treffen fand nicht statt, weil ich ihn telefonisch nicht mehr erreichen konnte; es ging tagelang keiner ans Telefon. Ich machte mir große Sorgen und las jeden Tag die Tageszeitung, ob dort nicht von einem Selbstmord berichtet wurde. Der Hauskreisleiter aus Tiberias berichtete mir, dass Nicolai schon seit Längerem nicht mehr kam und er erfahren hatte, er habe sein erstes Gehalt mit einem Freund vertrunken. In meinem Hauskreis beteten wir kräftig für Nicolais Rettung.

Nach einigen Wochen klingelte das Telefon wieder. »Halleluja«, rief ich, als ich seinen Namen auf dem Bildschirm las. »Hallo Doron«, sagte er mit einer klaren und nüchternen Stimme, »ich werde bald heiraten. Kommst du zu unserer Hochzeit?« Ich musste erst einmal meine Freude darüber, dass er noch am Leben war, verdauen, bevor ich ihm antworten konnte. Ich konnte seine positive Veränderung heraushören. In der Zwischenzeit hat er eine gläubige Frau aus Belgien kennengelernt, die er in Belgien heiraten wollte. Die Hochzeit sollte einen Tag nach meiner nächsten Vortragsreise in Deutschland stattfinden. Ich sagte zu und plante, auf dem Rückflug einen kleinen Umweg über Belgien zu machen.

Gott schickte ihm eine gläubige Frau über den Weg, die ihm zur endgültigen Entscheidung für Jesus weiterhalf. Das erinnerte mich ein wenig an meine eigene Bekehrung, die auch mithilfe einer von Gott gesandten Frau vonstatten ging – Ziona, die heute meine Ehefrau ist.

Heute lebt Nicolai glücklich verheiratet mit seiner Frau in Belgien und wartet ungeduldig auf die Entlassung seines Sohnes Eldar.

Eldar muss noch zweieinhalb Jahre absitzen, bis er seinen Vater endlich wiedersehen kann. Inzwischen hat Eldar auch die kaputte Beziehung zu seiner Schwester in Ordnung gebracht und eine zukünftige Braut gefunden, die ihn sofort heiraten wird, wenn er wieder aus dem Gefängnis kommt.

Solche Wiederherstellungen und Lebensveränderungen können keine Sozialarbeiter machen, sondern nur die Liebe und wunderbare Gnade Gottes.

In der Zwischenzeit kam ein neuer Verbrecher ins Gefängnis, ein Serienmörder. Er hatte viele Obdachlose in Haifa umgebracht und bekam dafür 999 Jahre Haft. Keiner wollte mit ihm eine Zelle teilen: Da er sowieso sein Leben lang nicht mehr aus dem Gefängnis kommen würde und daher auch nichts zu verlieren hatte, war er zu allem fähig.

Als sich alle weigerten, eine Zelle mit ihm zu teilen, erklärte sich John dazu bereit. Der neue Häftling hieß auch Nicolai und erfuhr von den Gefängniswächtern von Johns freiwilliger Bereitschaft, ihn in seine Zelle aufzunehmen. Das wusste er sehr zu schätzen.

John las ihm vom ersten Tag an Geschichten aus der Bibel vor. Diese Geschichten kannte er nicht. Er spürte, dass John anders als die anderen Häftlinge ist. Es gab bei ihm keine Machtkämpfe, wie es sonst in den Gefängnissen üblich ist. John begegnete ihm mit Liebe, und so wuchs sein Interesse an Gottes Wort immer mehr. Die beiden hatten von Anfang an ein gutes Verhältnis miteinander und so konnte John ihm sogar eine Bibel schenken, die wir ihm extra zuschickten. Es war eine schöne Bibel aus schwarzem Leder und mit goldenem Rand. Mit der Zeit las er allein darin und stellte John viele Fragen über Jesus.

Dann geschah das Wunder: Er übergab sein Leben an Jesus und wollte sich sofort taufen lassen. Als John mit ihm betete, spürte er, dass Gott ihm einen Helfer für seinen Gefängnisdienst geschickt hatte.

Nicolai veränderte sich so sehr, dass die anderen Häftlinge im Gefängnis nicht ganz verstanden, was mit ihm geschehen war. Alle hatten sie erst Angst vor ihm, und jetzt ist ausgerechnet er derjenige, der allen hilft. Manchmal gibt er sein ganzes Mittagessen ab oder kocht Tee für jemanden, der friert. Im Gefängnis ist man es nicht gewohnt, etwas zu bekommen, ohne irgendwann etwas zurückzahlen zu müssen. Das schockiert die Häftlinge besonders bei ihm, und deshalb sind sie bereit, ihm zuzuhören, wenn er von Jesus erzählt.

Seit Gründung der Bibelschule im Gefängnis Rimonim bei Kfar Saba sind noch viele wunderbare Lebensveränderungen geschehen und der Dienst geht weiter.

> »Denkt an diejenigen, die im Gefängnis sind. Fühlt mit
> ihnen, als wärt ihr selbst dort. Teilt das Leid derer, die
> misshandelt werden, als würdet ihr ihren Schmerz am
> eigenen Körper spüren.« (Hebräer 13,3)

22. Als Christ zwischen orthodoxen und säkularen Juden

Die jüdische Philosophie sagt, wo sich zwei Juden zusammenfinden, gibt es drei Meinungen. Umso mehr stimmt diese Aussage, wenn sich Juden aus über hundert verschiedene Nationen zusammenfinden. Noch interessanter wird es, wenn sie sich seit 2 000 Jahren nicht mehr gesehen haben.

Seit der Staatsgründung Israels treffen sich sehr unterschiedliche Kulturen wieder, wenn man an die äthiopische und die russische Kultur denkt oder an die Marokkaner und Aschkenasim.

Trotzdem gehört es mit in Gottes Heilsplan, diese vielen unterschiedlichen Kulturen, Meinungen und Hintergründe wieder in ihr winziges Heimatland Israel zurückzubringen, nachdem sie so lange verfolgt, verspottet und zum Teil vernichtet wurden. Denn damit ist ihre Leidenszeit vorüber und ihre Sünden sind bezahlt. »Denn der Herr hat es für alle seine Sünden doppelt gestraft.« (s. Jesaja 40,2).

Seit 1948 bringt Gott diese »Totengebeine« (Hesekiel 37), wieder in ihre Heimat Israel. Danach wird Gott auf diesen Totengebeinen wieder Muskeln, Sehnen und Haut wachsen lassen. Diese Verheißung geht in Israel vor unseren Augen in Erfüllung. Wir als Familie erleben diese manchmal lustige, spannende oder auch harmonische Phase des Zusammenwachsen der Sehnen und Muskeln hautnah mit unseren Nachbarn.

Wir wohnen in einem Vierfamilienreihenhaus: links außen ein jüdischer Professor, daneben ein orthodoxer Jude, dann wir als messianische Familie, und ganz rechts ein Neueinwanderer aus Russland. Und so sieht ein klassischer Schabbat in unserer Nachbarschaft aus:

An unserem wöchentlichen Ruhetag, dem Schabbat, werden wir früh morgens um 6.00 Uhr mit einem lauten Morgengebet von unserem orthodoxen Nachbarn geweckt. Denn er betet in Richtung Jerusalem, welches er von seinem Schlafzimmer aus gut sehen kann. Sein Schlafzimmerfenster grenzt jedoch an unseres. Noch dazu muss das Fenster weit geöffnet sein, weil nichts Trennendes zwischen ihm und Jerusalem stehen darf. Und weil es meistens sehr warm in Israel ist, schlafen wir auch mit offenen Fenstern. So werden wir jeden Samstagmorgen von seinem Gebet geweckt. Weil er außerdem etwas schwerhörig ist, läuft das alles noch eine Stufe lauter ab. Da kann man nicht mehr weiterschlafen. Ehrlich gesagt, ist es mir lieber, so geweckt zu werden, als mit lauter Discomusik oder Muezzinrufen aus einer gegenüberliegenden Moschee.

Zwei Stunden später, um 8.00 Uhr, versammelt sich meine an Jesus gläubige Familie draußen auf der Terrasse zum Frühstück. Bevor wir in den Gottesdienst gehen, haben wir gerne ein gemütliches Frühstück mit dem wunderschönen Ausblick auf den Ölberg. Das israelische Temperament meiner vier Kinder kommt hierbei deutlich zum Vorschein. Sobald wir uns an den Frühstückstisch gesetzt haben, singen wir zuerst ein paar messianische Lieder auf Hebräisch, wo der Name »Yeshua« oft erwähnt wird. Da muss dann unser orthodoxer Nachbar auch zuhören, wie wir Jesus in aller Frische loben.

Zwei Stunden danach, um 10.00 Uhr, wacht unser Nachbar aus Russland auf und wir sehen ihn ständig auf seiner Terrasse hin und her laufen. Eines der größten Verbote im Judentum ist das Feueranzünden am Schabbat. Und nachdem unser russischer Nachbar alles aufgestellt hat, wird der Grill angezündet und leckeres Fleisch darauf gebraten. Der appetitmachende Geruch von diesem am Schabbat angezündeten Feuer wandert gemütlich in unsere Nachbarsnasen.

Lotteriestand in Jerusalem: Juden mit verschiedenen Kulturen aus über hundert Nationen in dem kleinen Land Israel.

So unterschiedlich wir sind, leben wir doch schon viele Jahre in einem Vierfamilienreihenhaus zusammen, wo uns nur eine dünne Wand oder draußen eine leichte Hecke voneinander trennt. Trotzdem vertragen wir uns sehr gut. Der Vers aus Sprüche 27,10, »Es ist besser, zu einem Nachbarn zu gehen als zu einem Verwandten, der weit entfernt lebt«, hilft hier tüchtig mit, um Frieden und Geduld zu bewahren.

Aber nicht immer harmoniert es so wie mit unseren Nachbarn. Dies ist nur ein Beispiel von den Unterschieden zwischen den aus aller Welt nach Israel zurückgekehrten Juden. Ein ähnliches Bild der menschlichen Vielfalt finden wir oft auch in den christlichen Gemeinden am Sonntag. Denn auch dort hat Gott uns als verschiedene Menschen mit ganz unterschiedlichen Meinungen, Hintergründen und Glaubenseinstellungen in einen kleinen Saal oder eine größere Halle zusammengetan und uns die Aufgabe gegeben, einander zu lieben, den anderen für wichtiger als sich selbst zu halten, nicht einander zu richten und vieles weitere. Das kann manchmal zu einer schwierigen Herausforderung werden, womit wir als Kinder Gottes »geschliffen« werden wie die Steine im Bach, die so glatt und angenehm geworden sind, weil sie sich untereinander reiben, bis sie ganz glatt sind.

So ungefähr hat Gott auch sein Volk anfänglich als Totengebeine zurück in ihre Heimat gebracht. Jetzt müssen sie, wie die Muskeln und Sehnen im Körper, lernen »zusammenzuwachsen«, denn erst nachdem der Körper komplett und die Haut wieder darauf gewachsen ist, erst dann wird Gott seinen Odem in diesen Körper hineingeben und ihn wieder ins Leben rufen. Hiermit ist die Ausgießung des Heiligen Geistes auf sein Volk Israel gemeint, die noch aussteht (vgl. Hesekiel 37).

Das heutige Israel ist noch nicht so weit. Die Juden sind noch nicht alle heimgekehrt und diejenigen, die schon zurück sind, befinden sich noch in der Phase des Zusammenwachsens. Zwar ist die nächste Generation der Israelis dann schon durch die Mischehen zwischen den verschiedenen Kulturen ein Stück mehr zusammengewachsen. Doch heute ist Israel geistlich noch tot. Denn, wenn alle Totengebeine zurück in Israel sind und der Körper darauf vollständig gewachsen ist, erst dann wird Gott seinen Heiligen Geist auf sie gießen, nicht vorher.

Wenn Israel also heutzutage geistlich noch tot ist, dann dürfen und sollten wir von ihnen nicht zu viel erwarten und verlangen.

Allerdings wird genau dieser Fehler häufig gemacht. Man erwartet von dem Volk Gottes, dem Volk der Bibel, sich biblisch und göttlich zu verhalten. Das sollte man vermeiden, solange Israel noch ein geistlich totes Volk ist.

Gewisse Fragen wie, warum Israel denn nicht die andere Wange hinhält? oder, weshalb wir messianischen Juden in die Armee gehen und eine Waffe tragen? sind die häufigsten Fragen, die ich auf meinen Vortragsreisen in Europa gestellt bekomme.

Auf die erste Frage antworte ich, wie ein typischer Jude, mit einer Frage. Wie stellen Sie sich das vor, wie soll das »Hinhalten der anderen Wange« praktisch funktionieren? Etwa so?: Wenn ein Terrorist in mein Haus einbricht und zum Beispiel meine Frau erschießt, wie soll ich ihm die andere Wange hinhalten? Soll ich ihn etwa nach oben zu den schlafenden Kindern schicken? Haben wir Männer als Familienoberhäupter nicht auch die Verantwortung, unsere Familien zu beschützen? Dazu muss ich noch einwenden, dass die Juden nicht im Neuen Testament lesen, geschweige denn daran glauben. Warum erwartet man dann von ihnen, Gebote von Jesus aus dem Neuen Testament zu halten?

So sehen es auch die messianischen Juden, wenn sie zur Armee gehen. Es ist für uns ein Verteidigungsakt. Die Feinde Israels toben heute genau wie zu den Zeiten König Davids. »Sieh doch, deine Feinde rebellieren gegen dich und lehnen sich gegen dich auf. Sie verschwören sich gegen dein Volk und schmieden hinterhältige Pläne gegen die, die du beschützt.« (Psalm 83,3-4). Der moderne Staat Israel kann sich keine Kriegsniederlage leisten. Wenn Israel auch nur einen Krieg verliert, dann gibt es kein Israel mehr. Dafür braucht es aber Soldaten, die das Volk, die Frauen und Kinder verteidigen wie zu den Zeiten König Davids.

Jetzt könnte der Einwand kommen, ja, aber das war zu Zeiten des Alten Testamentes; Jesus hat uns befohlen, unsere Feinde zu lieben. Hiermit sind meines Erachtens die alltäglichen Feinde in

Israelischer Soldat betet für die Feinde Israels an der Klagemauer.

unserem Leben gemeint, diejenigen, die uns ständig Böses tun wollen, ein Bein stellen wollen oder die uns mobben und verfolgen wegen unseres Glaubens an Jesus. Aber im Falle von Selbstverteidigung, wenn wir überfallen werden oder in den Krieg ziehen müssen, um unser Land und damit unsere Familien zu verteidigen, das ist etwas anderes. Denn Jesus hat dem römischen Hauptmann in Kapernaum, der wegen seines gelähmten Knechts zu ihm kam, nicht befohlen, er solle erst seine Waffen niederlegen, bevor er den Knecht heilen wird. Nein, er hat diesen römischen Militärhauptmann sogar gelobt: »Als Jesus das hörte, war er tief beeindruckt. Er wandte sich an die Menge und sagte: ›Ich versichere euch: Einen solchen Glauben habe ich bisher in ganz Israel noch nicht erlebt!‹« (Matthäus 8,10). Jesus hat nie etwas gegen die Soldaten oder Armee gesagt; vielmehr sah er seine Feinde in den Pharisäern und Schriftgelehrten.

Es ist wichtig zu verstehen, dass man unter den meisten israelischen Soldaten, und speziell unter den messianischen Soldaten, keinen Hass gegenüber den Palästinensern findet, weil sie nicht gegen die Palästinenser als Volk kämpfen, sondern nur gezielt gegen die Terroristen unter ihnen. Die meisten israelischen Soldaten haben Araber als Freunde und wissen, dass nicht alle von ihnen Terroristen sind. Aus diesem Grund gehen die Israelis sehr vorsichtig mit der palästinensischen Bevölkerung um und kämpfen nur gegen die Terroristen. Oft bringen wir uns selbst dadurch in Lebensgefahr. In Russland und auch in den USA geht man in solchen Fällen ganz anders vor.

Israel befindet sich in einer dauerhaften Existenzbedrohung durch die umliegenden arabischen Länder und die Terrorangriffe innerhalb des Landes. Man kann sich das schwierig vorstellen, wenn man in einem Land lebt, dass keine solchen Bedrohungen hat.

Wenn wir bei gewissen Einsätzen Terroristen festnehmen und sie gefesselt abführen, bete ich im Stillen oft für sie und versuche damit Jesus nachzufolgen, denn Jesus hat die Sünder lieb, aber er hasst die Sünde. So sollten wir auch zwischen Person und Tat unterscheiden. Das hilft uns, unsere Feinde zu lieben, »denn sie wissen nicht, was sie tun«.

23. Liebet eure Feinde! Auch die Araber?

»Frieden, Frieden, und es gibt doch keinen Frieden«, sagt schon die Bibel. Seit Beginn der Osloer Friedensgespräche versuchen Politiker, einen Weg zum Frieden zwischen den Juden und Arabern zu finden. Aber seitdem herrscht in Israel zwischen den beiden Völkern nur noch mehr Feindschaft. Seitdem geschahen mehr Terroranschläge als zuvor und gab es mehr Opfer auf beiden Seiten. Ob es die sogenannte Roadmap, das Camp-David-Gipfeltreffen in den USA oder all die vielen anderen Friedensgespräche waren, alle sind gescheitert und es gibt immer noch keinen Frieden. Manchmal scheint es mir, als wäre es allen drei Seiten bewusst, dass sie keinen Frieden hervorbringen können, aber sie spielen ihr Friedensschachspiel trotzdem weiter. Die Amerikaner wollen unbedingt die Rolle der Vermittler behalten, darum üben sie mit Forderungen Druck auf beide Spieler aus. Die Israelis machen mit, weil sie nicht als die Friedensverweigerer dastehen wollen, und die Palästinenser genießen trotz ihrer brutalen »Schachzüge« die Sympathie der Welt. Jedem der drei Völker fehlt ein Anführer, jemand mit einer Vision oder mit einem Traum, wie Menachem Begin oder Martin Luther King.

Auf der anderen Seite können wir als Kinder Gottes auch nicht dauernd über die Regierungen stöhnen und uns beschweren. Wir sollten es irgendwie besser machen, auch wenn wir keinen Einfluss auf die politischen Entscheidungen haben. Jesus hat sein Reich auch angefangen, hier auf Erden aufzubauen, ohne in die Politik einzusteigen. Er ging mit seinem guten Beispiel voran und suchte sich erst einmal zwölf Jünger aus. Diese Jünger waren zum großen Teil einfache Fischer aus dem Volk. Ihre einzige Qualifikation war ihre sofortige Bereitschaft, ihm nachzufolgen. Das war alles, was Jesus brauchte, um die Welt zu verändern und das Evangelium in der ganzen Welt zu verbreiten. Vielleicht ist das das Geheimnis, was wir heute brauchen: Bereitschaft, dem Herrn zu folgen?

Der Geist Gottes führte mich mit meinen Gedanken zurück zu einem Erlebnis, was ich im Jahr 2000 hatte. Es war auf dem »Worship & Revival 2000« in Karlsruhe. Ich stand draußen vor dem Saal, als meine Augen in der Ferne einen arabisch aussehenden Mann auf mich zukommen sahen. Ich fragte mich, was einen Araber auf dieses unter anderem israelfreundliche Festival trieb. Er kam in meine Richtung, stand auf einmal vor mir und sprach mich direkt auf Hebräisch an. Es entwickelte sich rasch ein Gespräch und ich spürte, dass dieser arabische Christ anders ist als die, die ich bisher kannte; er hatte eine gewisse angenehme Ausstrahlung. Es dauerte nicht lange, da sagte er mir, dass er Israel sehr liebt und die Juden insbesondere. Das schockierte mich. Ich war völlig irritiert, weil ich so etwas in meinem Leben noch nie von einem Araber

Israelischer Soldat hilft einem Araber über die Straße.

gehört hatte. Ich kannte die Araber bisher nur von der anderen Seite; die schrecklichen Anschläge gegen uns Israelis und hasserfüllte Begegnungen mit Arabern während der Militärzeit, durch die meine Kameraden umkamen und verletzt wurden. Und hier kommt auf einmal ein arabischer Christ auf mich zu und zertrümmert mit einem Satz meine ganzen Vorbehalte gegen diese Menschen.

Er erklärte mir, wie er zu dieser Liebe für Israel gekommen war. Eines Tages hatte ein messianischer Jude für ihn gebetet, aber er wusste nicht, dass der Mann Jude war. Erst später im Gespräch mit ihm erfuhr er davon. Das schockierte ihn. Er konnte es anfänglich auch nicht richtig verstehen. Aber seit diesem Tag wuchs in ihm eine Liebe für das jüdische Volk.

In jener Nacht konnte ich nicht einschlafen; dieses Gespräch ließ mir einfach keine Ruhe. Ich musste immer wieder an diesen Satz »Ich liebe Israel und die Juden« denken. Am anderen Morgen war mir bewusst, dass, wenn er als Araber es fertigbringen konnte, trotz aller Vorurteile und Feindschaft uns Juden und mich als Israeli zu lieben, dann müsste das auch umgekehrt möglich sein. Ich wusste auch, dass nur Jesus solch eine Liebe in uns einpflanzen kann.

Als ich wieder in Israel war, wusste ich, weshalb mich Gott dorthin geschickt hatte. Er wollte mein hartes Herz gegenüber den Arabern verändern. Seit diesem Erlebnis wuchs auch in mir eine Liebe für das arabische Volk. Denn Gott hat sie auch in seinem Bild geschaffen und liebt sie genau wie alle anderen. Eines Tages sprach der Herr zu mir und sagte mir: »Ich hasse zwar die Sünde, aber ich liebe die Sünder.« Wenn wir lernen, diesen Unterschied zu machen, dann fällt es uns viel leichter, unsere Feinde als Personen zu lieben, und ihre Sünden dürfen wir weiterhin hassen. Es kam mir vor, als wäre die Zeit des Messias mit großen Schritten herangekommen.

In Israel traf ich mich öfters mit diesem neuen arabischen Freund und Bruder. Die Freundschaft zwischen uns wuchs und wir beteten oft zusammen. Dann bekamen wir eine gemeinsame Vision, einen Gebetskreis mit jesusgläubigen Juden und Arabern zu gründen. Wir merkten, dass diese brüderliche Liebe von oben kommt und bestimmt nicht durch die politischen Friedensgespräche. Jesus vollbrachte hier etwas, was kein Politiker, so mächtig er auch sei, schaffen kann.

Seitdem treffen wir uns sonntagabends zum gemeinsamen Gebet in einem Raum in Jerusalem. Zum ersten Gebetstreffen kamen nur wenige. Ein paar Wochen später waren wir schon insgesamt zwölf Juden und Araber, und seitdem kommen jedes Mal noch mehr hinzu. Wir merkten bald, dass wir beide nicht die Einzigen waren, die einen Durst nach solch einem echten Frieden hatten.

Wir kamen zusammen und wollten einfach füreinander beten. Wenn es uns schwerfällt, jemanden zu lieben, dann ist das beste Mittel dagegen, für ihn zu beten. Damit unterscheiden sich unsere Gebetstreffen von den weltlichen Friedensgipfeln.

Ich bin davon überzeugt, dass der wahre Frieden in und um Israel allein von Gott kommen wird. Wenn ich heutzutage in den IDF-Reservedienst gerufen werde, sieht mein Dienst ganz anders aus als früher. Ich spüre keinen Hass mehr gegenüber den Feinden Israels, sondern vielmehr Liebe und Mitleid. Manchmal, wenn ich einen verhafteten Terroristen gefesselt in den Militärjeep bringe, bete ich im Stillen für ihn.

Da kann Barack Obama tausend Mal während seines Wahlkampfes rufen »Yes we can!« Aber ich widerspreche ihm und sage: »Nein, *du* kannst nicht das tun, was nur das Blut von Jesus tun kann!«

Die Israelis in unserem Gebetskreis haben teilweise Schreckliches beim Militär erlebt, und die Araber unter uns sind auch durch viel Leid hindurchgegangen. Wir Israelis haben alle irgendwo Verwandte oder Bekannte, die durch Terroranschläge verletzt worden oder sogar ums Leben gekommen sind. Meine erste Schulfreundin wurde von einem palästinensischen Terroristen kaltblütig mit einem dreißig Zentimeter langen Messer erstochen. Zwanzig Messerstiche erlitt sie, bis sie tot umfiel. Ich weiß noch, wie ihre Mutter sie weinend im Arm hielt, als sie blutend dalag. Das gehört leider zum israelischen Alltag. Wenn man mit solchen Erlebnissen aufwächst, fällt es einem – trotz des Glaubens an Jesus – schwer, im Gottesdienst für seine Feinde zu beten.

Doron bei einer Straßenkontrolle.

An einem Abend betete auch eine 26-jährige ehemalige Muslima mit uns, die heute eine brennende Christin ist. Als sie erzählte, wie sie zum Glauben an Jesus gekommen war, bekamen wir alle eine Gänsehaut. Fünf Jahre zuvor wollte sie eine Selbstmordattentäterin werden, sich mitten in einen jüdischen Bus setzen und mit einer Bombe viele Israelis töten. Die Hamas hatte ihr schon einen bestimmten Bus in Haifa zugeteilt und rüstete sie mit einem Sprengstoffgürtel und genauen Anweisungen aus. Nur zwei Monate vor dem mörderischen Datum fand sie zu Jesus und verwarf ihren grausamen Plan gegen Israel. Sie erzählte uns, wie sie seit ihrer Bekehrung mit einem Mal gar keinen Hass mehr gegen die Juden hatte, sondern anfing, sie zu lieben.

Erst waren ihre Eltern zum Glauben an Jesus gekommen, weil die gelähmten Beine ihrer Mutter durch ein Gebet von einer Christin geheilt worden waren. Die Bekehrung ihrer Eltern gefiel der jungen Frau anfänglich nicht, sodass sie eine fanatische Muslima wurde und sich der Hamas anschloss. Dann sollte sie mit auf eine Weihnachtsfeier kommen, was sie nur unter der Bedingung tat, dass sie ganz verschleiert wie eine strenge Muslima mitkommen durfte. Dort auf der Feier wurde sie von einem jungen christlichen Mädchen angesprochen, das ihr von Jesus erzählte und sie zum Glauben führte. Weder muslimische Kopftücher noch irgendetwas anderes darf uns daher abschrecken, den Muslimen von Jesus zu erzählen.

Jetzt gehört die junge Frau zu unserem Gebetskreis und wir haben ein wunderbares Verhältnis zueinander. Sie trifft sich ab und zu mit meiner Frau in einem jüdischen Café und sie plaudern miteinander.

Ein anderer Araber hat früher Steine auf israelische Autos geworfen und in seinen Jugendjahren in den jüdischen Nachbarvierteln in Jerusalem nachts die Laubhütten zerstört. Heute glaubt er an Jesus, und statt Laubhütten zu zerstören, war er mein erster arabischer Gast in meiner jüdischen Laubhütte, wo wir den ganzen Abend Lobpreislieder für Jesus sangen und beteten.

Diese Herzensveränderung kann nur durch Jesus geschehen und nicht durch politische Friedensabkommen. Der wahre Frieden zwischen Juden und Arabern muss mit Jesus beginnen, mit der Vergebung durch das Blut Jesu Christi. Erst wenn der Tisch zwischen den beiden Völkern wieder durch das Blut Jesu gereinigt ist, kann eine Friedenszeit beginnen. Jesus hat sein Blut nicht umsonst für uns vergossen, sondern damit wir göttliche Kraft erhalten, auch solche schwierigen Dinge zu vergeben. Die Vergebung, die durch das Blut unseres Herrn möglich ist, müssen wir nur in Anspruch nehmen.

Der wahre Frieden wird kommen. Er wird mit den einfachen Nachfolgern von Jesus beginnen, mit den arabischen und jüdischen Jüngern, die die Vergebung durch seinen Opfertod annehmen. Nur so kann der gemeinsame Feind, der eigentlich der Ursprung für die Feindschaft in Israel ist, besiegt werden.

Wenn dieser Gebetskreis sich vergrößert und in die Gemeinden hineinwächst, dann wird diese wahre Liebe zwischen Juden und Arabern in Israel und in der ganzen Welt zu sehen sein. Dann werden sich uns immer mehr anschließen und der Menschheit wird der einzige Weg zum Frieden klar. Der wahre Frieden wird kommen!

24. Juden, Christen und Araber fröhlich in einem Haus

Wir standen an der Haustür unseres neuen Hauses in Ma'ale Adumim und begrüßten die kommenden Gäste. An den verschiedenen Begrüßungsformeln konnte man feststellen, zu welcher Gruppe jeder gehörte. Als man uns mit »Harbe Brachot al Habait Hachadasch!« (Viel Segen für das neue Haus!) begrüßte, waren das die Gläubigen aus unserer oder anderen messianischen Gemeinden; mit »Masal Tov!« (Viel Glück!), begrüßten uns die ungläubigen Nachbarn und Freunde, und mit einem »Mabruk!« (Glückwünsche!) mit arabischem Akzent begrüßten uns unsere arabischen Gäste.

Ich beobachtete sie, wie sie alle in meinem Hof versammelt waren und ein leichtes Buffet genossen. Sie plauderten, lachten und es herrschte eine fröhliche Atmosphäre. So ganz anders als der Eindruck, den viele Touristen vom Auskommen zwischen Juden und Arabern haben. Genauso erstaunt konnte man über die lebendigen Unterhaltungen zwischen messianischen Juden und den nichtmessianischen, zum Teil orthodoxen Juden sein.

Wenn man in den Zeitungen von den Kämpfen zwischen Israelis und Arabern liest, dann meint man oft, dass sich beide Seiten nur hassen und wir uns gegenseitig ständig bekämpfen. Man sollte die Situation nicht so schwarz-weiß betrachten, denn es gibt auch ein ziemlich gutes Zusammenleben von Juden und Arabern in Israel. Sie arbeiten bei uns; wir reparieren unsere Autos in ihren Werkstätten, und wir haben oft auch arabische Gäste bei uns daheim.

Einige Zeitungsartikel schreiben über die Verfolgungen der orthodoxen Juden gegen die messianischen Juden. Die gibt es auch manchmal, aber diese Ereignisse darf man nicht verallgemeinern. Die meisten messianischen Gemeinden in Israel bleiben ungestört und können frei ihre Gottesdienste abhalten.

Trotzdem entsteht der Eindruck, dass die messianischen Juden von allen Seiten verfolgt werden. Die Realität unterscheidet sich sehr oft von der Theorie. Unsere gesamte Nachbarschaft weiß über unseren Glauben an Jesus Bescheid und wir kommen sehr gut miteinander aus. In unserer jüdischen Stadt Ma'ale Adumim, wie auch in den anderen israelischen Städten und größeren Siedlungen, gehören Araber und orthodoxe Nachbarn einfach mit dazu.

So hatten wir ein großes und fröhliches Einweihungsfest. Alle miteinander, Juden, Christen und Araber. Die meisten Araber unter ihnen waren die Bauarbeiter, die an diesem Haus gearbeitet hatten. Einer von ihnen drückte mir gegenüber seine Sorge aus, dass er bald zehn Monate arbeitslos sein wird, wenn die israelische Regierung auf den amerikanischen und weltlichen Druck nachgibt und einen zehnmonatigen Baustopp zusagt. Ich versprach Ibrahim (so hieß er), wenn ich Arbeiter für das neue Haus brauchte, wie für meinen Garten und eine Pergola, die ich plante, würde ich ihn rufen.

Jiris, ein arabischer Christ aus Bethlehem, war der Elektriker vom Haus. Er schilderte mir seine lange und komplizierte Fahrt mit einem arabischen Taxi über die vielen Feldwege und Umwege an den israelischen Checkpoints vorbei, um pünktlich bei mir zu sein.

Die Ungläubigen interessierten sich für den Hauspreis und wo wir gewisse Sachen wie die Möbel gekauft haben. Die messianischen Juden interessierten sich mehr für die Bibelverse an der Wand und die Noten eines christlichen Liedes auf dem Klavier, das schon auf die Einweihungszeremonie wartete.

Meine vier Kinder verteilten noch Getränke und orientalisches Gebäck, da rief ich alle versammelten Gäste zusammen und die Zeremonie begann mit einem Klavierstück von meiner Tochter Pniel. Alle Gäste drängelten sich ins Wohnzimmer und die Essecke, um beim Segnen des Hauses dabei zu sein. Es herrschte eine gewisse Spannung unter ihnen, weil sie sich fragten, wie das bei uns messianischen Juden gemacht wird.

Bei einer Hauseinweihung in Israel ist es üblich, die Mesusa offiziell an die Pfosten der Haustür anzuschlagen. Darin steht auf einer kleinen Pergamentrolle handgeschrieben das »Höre Israel«-Gebet, das von den Juden dreimal täglich gebetet wird. Dieses Gebet besteht aus den Versen aus 5. Mose 6,4-9: »Höre Israel, der Herr ist unser Gott, der Herr allein! Und du sollst den Herrn, deinen Gott, lieben mit deinem ganzen Herzen und mit deiner ganzen Seele und mit deiner ganzen Kraft. Und diese Worte, die ich dir heute gebiete, sollst du auf dem Herzen tragen, und du sollst sie deinen Kindern einschärfen und davon reden, wenn du in deinem Haus sitzt oder auf dem Weg gehst, wenn du dich niederlegst und wenn du aufstehst; und du sollst sie zum Zeichen auf deine Hand binden, und sie sollen dir zum Erinnerungszeichen über den Augen sein; und du sollst sie auf die Pfosten deines Hauses und an deine Tore schreiben.«[15]

Normalerweise sagt ein Rabbiner nur einen ganz kurzen Segen für das Anbringen der Mesusa, klopft sie mit zwei Nägeln an den Türpfosten und geht wieder. Wir machten es etwas anders. Ich rollte die Pergamentrolle auf und las das ganze »Höre Israel« laut vor. Dann schlug ich das Neue Testament auf und las die folgenden Verse vor: »Als die Pharisäer hörten, dass er den Sadduzäern mit seiner Antwort den Mund gestopft hatte, dachten sie sich eine neue Frage aus, die sie ihm stellen wollten. Einer von ihnen, der sich im Gesetz Moses besonders gut auskannte, versuchte, ihm mit der folgenden Frage eine Falle zu stellen: ›Meister, welches ist das wichtigste Gebot im Gesetz von Mose?‹« Auf einmal herrschte eine unwahrscheinliche Ruhe im Raum. Besonders die Juden, aber auch die Araber, wunderten sich, was jetzt wohl kommen möge? So las ich weiter: »Jesus antwortete: ›Du sollst den Herrn, deinen Gott, lieben, von ganzem Herzen, mit ganzer Seele und mit all deinen Gedanken!‹ Das ist das erste und wichtigste Gebot.« (Matthäus 22,34-38).

Diese Antwort hatten sie von Jesus nicht erwartet, sie staunten einfach nur. Dann schaute ich auf die Gäste und wies nochmals auf die Ähnlichkeit zwischen den beiden Texten hin. Ich erklärte, dass Jesus nicht gekommen ist, um das Judentum gegen das Christentum auszutauschen, sondern um es zu erfüllen. Meine Frau und Kinder standen an meiner Seite. Ich legte meine Arme um sie und sagte: »Dieses Haus gehört nicht uns, sondern unserem Herrn und Heiland, Yeshua Hamaschiach (Jesus, dem Messias). Egal, was die Welt tut und denkt, ich aber und mein Haus (meine Familie) wollen dem Herrn dienen.«

Dann rollte ich die Pergamentrolle wieder zusammen. Alle blieben still und schweigend stehen und wunderten sich über diese Worte, die sie noch nie so gehört hatten. Ich legte die Rolle mit dem handgeschriebenen »ersten und größten Gebot« wieder vorsichtig in ihre aus Jerusalemstein geformte Mesusa und nagelte sie mit einem Segen und Gebet an den Pfosten der Haustür. Einige Gemeindeleiter beteten noch für uns und das neue Haus, und die Feier ging weiter.

Mein Nachbar kam als Erster zu mir und bat mich, ich solle ihm später einmal genauer erklären, wie unser Glaube aussieht, denn solch eine Ähnlichkeit von den Worten Jesu zum Judentum hatte er zum ersten Mal gehört. Seither haben wir mit ihm fast täglich Gespräche über Jesus. Eine andere Nachbarin bat uns um ein Neues Testament auf Hebräisch. Kurz nachdem wir es ihr gegeben hatten, kam sie zögernd zurück und fragte, ob sie es bei sich zu Hause auch aufschlagen kann, ohne dass ihr etwas zustößt. In Israel ist das Neue Testament in vielen Häusern noch ein verbotenes Buch. Weil die Juden in den letzten 2000 Jahren ständig unter der Christenheit gelitten haben, meinen bis heute viele, dass Jesus die Christen zur Verfolgung der Juden aufgerufen hat. Daher stammte die Angst unserer Nachbarin. Wir wiesen auf das erste Kapitel in Matthäus hin und lasen es gemeinsam. Dort stehen die vielen jüdischen Namen des ganzen Geschlechtsregisters von Jesus. Da sagte sie auf einmal: »Das sind ja alle unsere Leute, Jakob, Boas und David!« So konnte sie unbesorgt zurück in ihr Haus gehen und anfangen, darin zu lesen.

Diese Einweihungsfeier war ein Segen für uns und für unsere Gäste. Es war besonders erquickend zu sehen, wie sehr die Realität sich doch von den schwarz-weißen Medienberichten unterscheidet.

25. Messianische Gemeinde und Vision

Geduld lohnt sich. Nach über zwei Jahren intensivem und regelmäßigem Gebet für eine Gemeinde vor Ort haben wir nun 2005 eine wachsende und lebendige messianische Gemeinde in Ma'ale Adumim gründen dürfen.

Jeden Samstag um 10.00 Uhr beginnt der Gottesdienst in einer Privatwohnung. Kurz vorher werden die Möbel aus dem Wohnzimmer auf die Terrasse getragen und stattdessen 60 Plastikstühle aufgestellt. Vorne wird eine Leinwand für die Lieder vom Projektor hochgezogen. Bevor wir die Leinwand kaufen konnten, wurden die Lieder auf einen Kühlschrank projiziert.

Nach der Begrüßung wird gebetet und ein Psalm vorgelesen, dann haben wir Lobpreiszeit und die Möglichkeit, persönliche Zeugnisse und Gebetsanliegen zu hören, woran die Kinder immer sehr aktiv teilnehmen. Nachdem die Kinder ihre auswendig gelernten Verse aufgesagt haben, beten wir für sie und dann gehen sie in die »Schabbatschule«. Bis hierhin verläuft der Gottesdienst sehr ähnlich wie in den meisten europäischen Gemeinden.

Kurz vor der Predigt teilt jemand Wasser zur Erfrischung aus; wir befinden uns ja in der Wüste. Dann erst beginnt die Predigt, die am Schluss mit dem Aaronitischen Segen beendet wird.

Unsere Gemeindemitglieder sind an Jesus gläubige Juden, die aus der ganzen Welt stammen: aus Moldawien, der Ukraine, Burma, Holland, Irland, Russland, Schweden, Peru, Frankreich, USA, Äthiopien, Rumänien. Außerdem gehört ein Araber zu uns und natürlich viele Sabres (Begriff für Juden, die in Israel geboren sind). Der Lobpreis läuft sehr fröhlich und laut ab, aber auch unterschiedlich; die einen heben die Hände, die anderen klatschen die Hände oder bleiben sitzen, jeder auf seine Art. Manche Frauen tragen eine Kopfbedeckung und andere nicht. Zwei Männer tragen den Tallit unter dem Hemd, von dem dann die vier Quasten heraushängen. Trotz der vielen Unterschiede herrscht trotzdem ein Geist der Einheit in unserer Gemeinde. Keiner meint irgendwie, er müsse die anderen belehren oder ihnen vorhalten, die Lieder so oder so zu singen. Gott schaut in die Herzen und nicht auf das Äußere, und er hat es bestimmt gern, auf verschiedene Arten angebetet und gelobt zu werden.

Im Frühling und im Herbst halten wir den Gottesdienst oft draußen im Freien, in einem kleinen Wäldchen, wo es dann anschließend noch ein Picknick gibt und wir Gemeinschaft pflegen.

Mit der Gründung unserer messianischen Gemeinde in Ma'ale Adumim bekamen wir auch eine Vision: Es wird eine Erweckung nach Ma'ale Adumim kommen. Diese jüdische Stadt mit ihren 40 000 Einwohnern ist die Ortschaft in Israel mit den meisten messianischen Juden. Zwischen 400 und 500 messianische Juden leben dort, und ständig kommen mehr hinzu.

Regenbogen in Ma'ale Adumim.

Als wir diese Gemeinde im September 2005 gründeten, war das die Antwort auf unsere Gebete, denn in den zwei Jahren davor trafen wir uns regelmäßig am Dienstag mit noch drei weiteren Familien zum Gebet für eine Gemeinde. Dann war es so weit und der Herr öffnete uns alle Möglichkeiten für eine Gemeinde in Ma'ale Adumim. Während der Gebetsabende zuvor bekamen wir auf verschiedenen Wegen die Vision, dass der Herr mit uns eine Erweckung in Ma'ale Adumim vorbereitet.

Eine Erweckung zu Jesus in einer jüdischen Stadt? Ohne festen Glauben an Gott scheint so etwas unmöglich, weil es bisher noch keine solche großen Erweckungen zu Jesus in Israel gab. Doch das stimmt nicht ganz. Es gab früher schon einige Erweckungen in jüdischen Städten; diese Städte wurden allerdings von den Rabbinern über die Jahre verschwiegen und sogar aus allen jüdischen Schriften wie dem Talmud ausgelöscht. Es war interessant herauszufinden, dass alle jüdischen Städte in Israel in den jüdischen Schriften erwähnt werden, bis auf diejenigen, die höchstwahrscheinlich einmal eine Erweckung erlebten. In der jüdischen Stadt Susiya südlich von Hebron zum Beispiel fand man vor einigen Jahren ein Mosaik in der Synagoge mit einer aramäischer Inschrift, die übersetzt bedeutet: »Zum guten Gedenken an den Tröster Yeschua und Zeuge ...« (vgl. Johannes 15,26) und verschiedene andere Hinweise wie ein Taufbecken, die auf einen Glauben an Jesus deuten. Diese Stadt ist in keiner jüdischen Schrift zu finden. Die Behörden in Israel haben heute aus dieser Stadt eine »antike hebräische und talmudische Stadt« gemacht und die meisten Hinweise auf Jesus ignoriert. Genauso haben sie auch das Jesusboot, das in den 1990er-Jahren im See Genezareth entdeckt wurde, umbenannt in das »Antike Boot«. Denn für ein antikes Boot vor 2 000 Jahren interessieren sich auch die Israelis, aber zu einem Jesusboot kommen nur die Touristen aus dem Ausland.

Dasselbe geschah mit Saulus, der zum Paulus wurde. Paulus war zu seiner Zeit ein anerkannter Rabbiner, bis er Jesus auf dem Weg nach Damaskus traf. Deswegen wurde auch er in keinem der jüdischen Bücher erwähnt.

Wenn man von diesen historischen »nicht existierenden Erweckungen« nichts weiß, kann man sich leicht entmutigen lassen und annehmen, dass Erweckungen in Israel nicht möglich seien. Aber bei Gott ist kein Ding unmöglich; er kann auch in einer Stadt wie Ma'ale Adumim mit ihren heute 45 Synagogen und einem großen Anteil religiöser Bewohner durch seinen Heiligen Geist eine Erweckung schicken. Daran glauben und dafür beten wir.

Die Gemeinde befindet sich direkt an der Straße, auf der auch an jedem Schabbatmorgen viele religiöse Juden zur nicht so weit entfernten Synagoge gehen. Die Nachbarn wissen über unseren Glauben an Jesus Bescheid und die meisten Bewohner der Stadt kennen uns als Juden, die an Jesus glauben, oder messianische Juden. Wir können unseren Glauben ungestört ausleben und brauchen ihn nicht zu verbergen. Bis jetzt werden wir als messianische Juden in Ma'ale Adumim akzeptiert und respektiert.

Manche neugierigen Leute wagen es auch einmal, während des Gottesdienstes an unserem Fenster zu lauschen und zuzuhören. Wegen der großen Hitze im Sommer bleiben nämlich die Fenster geöffnet, sodass die Lieder bis nach draußen auf die Straße klingen. Dadurch hat es schon einige Bekehrungen gegeben.

Einmal kam meine Frau Ziona mit einer Mutter, deren Kinder in den gleichen Kindergarten wie unsere gingen, ins Gespräch über Jesus. Diese Mutter spürte an unseren Kindern etwas anderes und interessierte sich dafür. So luden wir sie zum nächsten Gottesdienst am Samstag ein. Sie brachte auch ihre drei Kinder mit, nur der Vater blieb zu Hause. Sie fand den Gottesdienst schon interessant, meinte aber, es wäre nichts für sie. Ihre Kinder dagegen waren hellauf begeistert von dem Kindergottesdienst und wie liebevoll sie von den anderen Kindern aufgenommen wurden. Die Mutter wollte eigentlich nicht noch einmal wiederkommen, aber ihre Kinder ließen ihr keine Ruhe, bis sie am folgenden Samstag wiederkam und die Woche danach auch wieder. Ein Jahr später übergab sie ihr Leben an Jesus und ließ sich taufen. Heute übernimmt sie zum Teil schon den Kindergottesdienst und ihre Kinder haben auch eine große Liebe zu Jesus gefunden. – So wächst die Gemeinde ständig und wir benötigen einen größeren Versammlungsraum; dafür beten wir momentan.

Obwohl wir einen ständigen Zuwachs von neuen Gemeindemitgliedern erleben und offen unseren Glauben an Jesus in Ma'ale Adumim bekennen können, gibt es auch einzelne andere Gemeinden, die doch verfolgt werden. In Aschdod demonstrierten einmal 1 000 orthodoxe Juden vor einer messianischen Gemeinde. Sie schimpften mit Lautsprechern gegen sie und riefen aus, dass die messianischen Juden das zu Ende bringen wollten, was Hitler begonnen hat. Sie meinen, wenn Hitler es nicht geschafft hat, Israel physisch zu vernichten, so versuchen die messianischen Juden, Israel geistlich zu vernichten. Das ist der eigentliche Grund für die Feindseligkeit der orthodoxen Juden gegen die an Jesus gläubigen Juden.

Diese Demonstrationen und Angriffe auf messianische Juden werden von einer kleinen aber einflussreichen privaten Organisation geleitet – Yad Leachim (Hilfe für die Brüder). Diese Organisation wird nicht vom Staat Israel unterstützt, aber auch nicht gebremst, obwohl sie oft gegen das Gesetz verstößt. Das israelische Innenministerium gebraucht sogar ihre Dienste um herauszufinden, wer in Israel missioniert, um somit zu entscheiden, ob das Visum gestrichen oder verlängert werden soll.

Eine der messianischen Jüdinnen eröffnete in Aschkelon eine Konditorei und wurde durch ihr feines Backwerk eine beliebte Anlaufstelle für viele Israelis. Sie sah ihren Dienst in ihrer Konditorei nicht in der Mission, so hat sie dort nicht evangelisiert. Die Anti-Missions-Organisation Yad Leachim verteilte Spione in mehreren Gemeinden und einer von ihnen erkannte die Inhaberin dieser Konditorei im Gottesdienst wieder. Am nächsten Tag hingen große Plakate an ihrem Geschäft, worauf gewarnt wurde, nicht von dieser Konditorei zu kaufen, weil die Inhaberin zu den messianischen Juden gehört. Das Koscherzertifikat wurde ihr auch sofort vom Rabbinat gestrichen, obwohl dieser Akt ein klarer Verstoß gegen das israelische Gesetz war. Der Oberrabbiner von Aschkelon sagte, er würde lieber gehängt werden, als ihr das Zertifikat zu geben. Wenn ein Restaurant oder eine Konditorei in Israel kein Koscherzertifikat aushängen hat, betreten die meisten Israelis das Restaurant nicht. Auch nachdem die Kundschaft der Konditorei immer mehr zurückging, ließ die Anti-Missions-Organisation nicht nach. Sie verfolgte die wenigen Kunden, die trotzdem noch weiterhin bei ihr kauften, bis nach Hause und zu ihren Arbeitsplätzen. Dann schickten sie Drohbriefe an sie, dass, wenn sie weiter dort einkaufen und Kaffee trinken, ihre Arbeitgeber einen Brief erhalten, dass sie Missionare seien. Obwohl die Einnahmen dieser

Konditorei drastisch gesunken sind, gibt die Inhaberin nicht auf. Auf der anderen Seite kommen dafür mehr säkulare Israelis, die gegen diese orthodoxen Methoden sind.

Als ich einmal mit mehreren messianischen Juden in Jerusalems Zentrum auf die Straße ging und evangelisierte, verlief das anfänglich ganz ruhig. Es versammelten sich immer mehr Leute um uns. Etwas weckte ihre Neugier an uns. Wahrscheinlich waren es die hebräischen Lieder mit den Texten aus den Psalmen, die von uns Israelis ohne Kippa, also aus ihrer Sicht von säkularen Israelis, gesungen wurden. Das ist ein fremdes Bild für die israelische Straße. Als wir dann aber zu den christlichen Liedern übergingen, worin der Name »Yeshua« laut erklang, merkten wir die Unruhe im Publikum, das aus orthodoxen und säkularen Juden bestand. Es wurde immer unruhiger, aber wir sangen weiter. Dann wurden die Orthodoxen mit einem Mal gewalttätig und versuchten, uns mit Fäusten zu schlagen. Während wir noch überlegten, ob wir uns wehren oder, wie Jesus befohlen hat, die andere Wange hinhalten sollten, sahen wir plötzlich, wie die säkularen Zuhörer auf die Orthodoxen zurückschlugen und sie beschimpften. Wir hörten, wie sie sagten: »Ihr habt kein Recht, diese messianischen Juden anzugreifen. Sie dienen in der Armee und sind vorbildliche Bürger. Aber ihr dient keinen einzigen Tag in der Armee und melkt den Staat nur aus!« Diese Prügelei dauerte nicht sehr lange, aber sie lockte noch viele vorbeigehende Menschen an. So kamen wir zu guten Gesprächen mit der Jerusalemer Bevölkerung über Jesus. Wir kamen uns wie die Apostel damals vor, als sie in Jerusalem von Yeschua erzählten.

Es gibt einen jüdischen Witz: Ein Rabbi sagt zu Gott: »Hilfe, mein Sohn ist Christ geworden, was soll ich bloß tun?« Gott antwortet: »Mach dir nichts draus, mein Sohn ist auch Christ geworden.« Darauf der Rabbi: »Und was hast du getan?« Gott: »Ich habe ein neues Testament geschrieben.«

Dieser jüdische Witz ist zwar ein Witz, aber er reflektiert eine große Not: Wenn ein Jude den Glauben an Jesus annimmt, so wird er häufig von seiner Familie verstoßen. Es gibt sogar die Tradition, dass die Familie einen Sarg in ihrem Haus aufstellt, weil dieser Sohn bzw. diese Tochter für sie als tot gilt. Wird der Sohn kriminell, homosexuell oder Buddhist, ist das längst nicht so schlimm wie wenn er den Glauben an Jesus annimmt. In Israel wird heftig diskutiert, ob Schüler und Soldaten Kirchen und Klöster besuchen sollen oder nicht. Den Kindern wird im Mathematikunterricht beigebracht, das Pluszeichen anders zu schreiben, da es an das christliche Kreuz erinnert. Vor zehn Jahren gab die israelische Regierung einen Erlass heraus, der verbot, das Neue Testament im Geschichtsunterricht zu behandeln. Jahreszahlen werden in Israel mit »vor der Zeitrechnung« und »nach der Zeitrechnung« angegeben (z. B. 2000 n. d. Z.), um den Namen »Christus« zu umgehen.

Hier und da gibt es in Israel solche Vorfälle, wie ich sie erwähnt habe, aber sie sind punktuell und man kann deshalb nicht behaupten, dass die messianischen Juden in Israel verfolgt werden. Von den ungefähr 120 messianischen Gemeinden in Israel wird hier und dort einmal eine Gemeinde bedroht und verfolgt, die restlichen Gemeinden aber leben in relativer Ruhe und Freiheit. Doch auch diese Verfolgung ist etwas ganz anderes als das, was wir unter einer Christenverfolgung verstehen, wenn wir an China, Nordkorea oder einige ehemalige Sowjetrepubliken denken.

Es ist auch höchst interessant zu beobachten, dass die Feindseligkeit dieser Minderheit von orthodoxen Juden identisch mit der Feindschaft der Pharisäer gegen Jesus in biblischen Zeiten ist. Wir finden bei ihnen heute genau dieselben Argumente und Methoden wieder. Wenn solche Angriffe gegen die messianischen Juden bis zum Gerichtssaal kommen, dann werden auch in den heutigen Tagen falsche Zeugen geschickt, so wie bei Jesus.

Es ist für uns als messianische Juden schon eine große Herausforderung, diese heutigen Pharisäer zu lieben, deswegen beten wir oft für sie. Wenn wir sie nicht lieben, dann sind wir nicht anders als sie und können sie auch nicht zu Jesus führen. Denn nur wahre Liebe kann die Mauer zwischen ihnen und ihrem Messias niederreißen.

Obwohl die messianischen Gemeinden in einem gewissen Aufschwung sind, wird es nicht so weit kommen, dass sie zu einer Mehrheit in Israel werden; das wird erst geschehen, wenn Jesus wiederkommt. Denn nach der Prophetie von Sacharja wird es dann eine kollektive Erlösung der Juden geben. »Dann gieße ich einen Geist der Gnade und des Gebets über die Nachkommen Davids und die Bewohner Jerusalems aus. Sie werden auf den schauen, den sie durchbohrt haben, und um ihn trauern wie um einen einzigen Sohn. Sie werden ihn beweinen, wie man einen erstgeborenen Sohn beweint.« (Sacharja 12,10). Wenn wir in einem Missionsgespräch auf diesen Vers hinweisen, wo Gott der Vater über sich selbst sagt: »Sie werden auf mich [Jahwe] sehen, den sie durchstochen haben«, dann stutzen die orthodoxen Juden nur, weil sie sich dann fragen, wann sie »Gott durchbohrten«. So können wir schnell auf Jesus hinweisen, und mit ein wenig Hilfe des Heiligen Geistes erkennen sie Jesus als den Messias. So wie die Brüder von Josef plötzlich mit offenen Mündern dastanden, als Josef sich ihnen zu erkennen gab, so wird eines Tages das jüdische Volk auf den Herrn schauen, den sie vor 2000 Jahren durchbohrt haben.

Die Zahl der messianischen Juden, die heute in Israel leben, überschreitet nicht die 10 000 und wir betrachten uns lediglich als die »Erstlingsfrüchte« der großen bevorstehenden Ernte. Mir scheint es so, als könne Jesus es kaum noch abwarten mit der Erlösung Israels. Er sehnt sich so sehr nach diesem verheißenen Tag, an dem sie ihn als ihren Messias wiedererkennen werden! So wie es Josef auch nicht leichtfiel, ständig seine Brüder vor sich zu sehen, ohne ihnen zu verraten, wer er war, so schwer fällt es sicher auch Jesus mit seinem Volk heute. Er sieht ihre Not und Qual, muss aber auch auf den richtigen Moment warten, in dem er »seine Maske abnehmen« wird. Denn so wie die Ägypter damals aus Josef einen Ägypter machten, so machten die Christen aus Jesus einen Christen. So sehr, dass seine eigenen Brüder ihn heute nicht mehr wiedererkennen.

Als 1948 der jüdische Staat Israel gegründet wurde, lebten ungefähr zwölf messianische Juden in Israel.[16] So hat der Herr damals mit seinem Volk Israel einen neuen Anfang gemacht und gleichzeitig wieder mit zwölf Jüngern von Jesus neu begonnen.

IV. Unser Messias

26. Vom Feigling zum Prediger

Die Lehrerin schaute auf ihre Schüler und pickte sich jemanden für die Antwort heraus. Ich war froh, dass ich es nicht war. Bei der nächsten Frage ging ihr Blick wieder durch den Klassenraum, und sobald sie auch nur in meine Richtung schaute, lief ich schon rot an. Auch wenn ich die Antwort wusste, war ich während meiner Schuljahre immer zu schüchtern, um meine Hand zu heben. Auch in den folgenden Jahren konnte ich mich nie zusammenreißen und vor einer Menge Menschen sprechen. Damit habe ich mich dauernd gequält.

Als ich 34 Jahre alt war und der Herr mich zu einer neuen Arbeitsstelle bei der Christlichen Botschaft in Jerusalem führte, wurde ich vorher beim Bewerbungsgespräch gefragt, ob ich auch bereit wäre, Vorträge über Israel zu halten. Da sagte ich ohne mit der Wimper zu zucken Ja, denn ich wollte diesen Job unbedingt. Ich tröstete mich damit, dass ich noch viel Zeit hatte, bis es so weit war. In Israel sagen wir: »Bis dahin fließt noch viel Wasser den Jordan hinunter«.

Dann war es aber doch irgendwann so weit, ich hatte schon einen Termin für meine erste Vortragsreise im Mai 2001 zugesagt. Als dieser Termin schnell näher rückte, bekam ich immer größere Angst, denn ich sollte einen Vortrag von 45 Minuten vorbereiten. Es war eigentlich nie mein Problem, *was* ich sagen soll, sondern das Sprechen vor einem Publikum, welches mich dann eine knappe Stunde anstarren wird. Ob ich das aushalten würde? Oder würde mein Lampenfieber mich irritieren und ich mich blamieren?

Der gründlich ausgearbeitete Vortrag war auf meinem Konzept in Stichpunkten fertig aufgeschrieben. Jetzt zählte ich die Tage bis zu meiner Abreise. Im Flugzeug auf dem Weg nach Deutschland wurde mir erst richtig klar, dass es bald so weit sein würde. Ich würde in Kürze vor Hunderten von Menschen stehen, was ich mein Leben lang in der Schule nicht fertiggebracht hatte. Ich saß auf meinem engen Sitz im Flugzeug und große Angst überfiel mich, mein Herz klopfte immer heftiger. Dann stellte ich mir vor, wie ich vorne auf der Bühne stehe und auf einmal anfange zu stottern und nicht mehr weiter weiß. Mir kamen schreckliche Gedanken in den Sinn. Ich wünschte mir sogar, dass der Flieger abstürzen sollte, solch eine Angst hatte ich vor dem, was vor mir lag.

Dieser Gedanke schockierte mich und ich überdachte die Situation. Ich kam zu dem Schluss, diese Angst nicht zulassen zu dürfen. Der Herr hatte mir diesen Auftrag bei der Christlichen Botschaft gegeben und er würde mir da auch weiterhelfen. So betete ich während des ganzen Flugs. Natürlich nicht, dass die Maschine abstürzen soll, sondern dass der Herr mir innerliche Ruhe und Frieden für die Vorträge geben möge. »Herr, du kennst mich besser als ich mich selbst kenne, du kennst auch meine Schwächen, hast mir trotzdem diesen Auftrag gegeben. So gib mir bitte deinen Frieden und die Sicherheit, dass du auch bei mir sein wirst, wenn ich auf der Bühne stehe und von deinem Volk berichte. Im Namen Jesu, Amen.«

Ehrlich gesagt, das Herzklopfen hörte nach dem Gebet nicht auf. Der Herr gab mir ein Wort, das er den Jüngern vor 2 000 Jahren auch gab: »So sorgt nicht, wie oder womit ihr euch verteidigen oder was ihr sagen sollt; denn der Heilige Geist wird euch in derselben Stunde lehren, was ihr sagen sollt.« (Lukas 12,11-12). Diese Zusage stärkte mich, ließ aber das Lampenfieber noch nicht verschwinden.

Der erste Vortrag sollte in der Ecclesia-Gemeinde in Brensbach stattfinden und der zweite dann im Berliner Dom. Mein treuer Freund und Begleiter Christian Stephan, auch Gründer und heute Ehrenvorsitzender des Deutschen Zweiges der Christlichen Botschaft Jerusalem, wartete bereits in Michelstadt auf mich. Dort hat seine Frau Joliene neben seinem Büro in der Mauerstraße 15 die Jerusalem-Boutique, das größte Geschäft für Israelprodukte in ganz Deutschland.

Ihr herzlicher Empfang freute mich und beruhigte mich ein wenig. In einer Stunde sollte es losgehen. Wir kamen in den Gemeindesaal, der glücklicherweise noch leer war, und ich hoffte innerlich, dass keiner kommen würde und der Vortrag damit abgesagt würde. Das war aber nicht der Fall, weil die ersten Gäste auf einmal doch kamen und sich schon langsam hinsetzten.

Christian Stephan kannte mich damals noch nicht so gut und war auch sehr gespannt, wie der Israelabend ablaufen würde. Deswegen hatte er mich auch erst einmal in seine Heimatgemeinde eingeladen. Wenn etwas schiefging, könnte er es dort leichter wieder ausbügeln.

Er ging mit mir in einen Nebenraum und wir beteten zusammen für einen gesegneten Abend. Dann setzten wir uns nebeneinander in die erste Reihe. Der Saal war bis zum letzten Platz gefüllt und die Uhr schlug 19.30 Uhr. Der Pastor machte die Begrüßung und sprach ein Gebet. Währenddessen bekam ich ein merkwürdiges Gefühl: Ich war ganz ruhig. Obwohl der entscheidende Moment immer näher kam, klopfte mein Herz auf einmal ganz gelassen, sodass ich dachte, ich würde träumen. Ich kniff mich selbst ins Bein, um festzustellen, ob ich träumte oder ob der Herr mein Gebet wirklich erhört hatte. Nein, ich träumte nicht. Manchmal wundern wir uns, dass Wunder geschehen. Das war so eine Situation. Als ich mich noch über meinen innerlichen Frieden und die göttliche Sicherheit wunderte, wurde ich auch schon nach vorne gerufen. Ich ging auf die Bühne und predigte eine Stunde über Israel, als hätte ich nie Angst vorm Predigen gehabt. Ich wunderte mich über das Wunder. Wenn wir mit Gott unterwegs sind und uns ganz auf ihn verlassen, dann streitet er für uns und nimmt uns sogar jede Art von Angst weg; er lässt uns nicht im Stich.

»Wenn aber jener, der Geist der Wahrheit, gekommen ist, wird er euch in die ganze Wahrheit leiten; denn er wird nicht aus sich selbst reden, sondern was irgend er hören wird, wird er reden, und das Kommende wird er euch verkündigen« (Johannes 16,13). Dieser Vers ging wortwörtlich auf der Kanzel und vor 150 Menschen in Erfüllung. Der Herr hat mir seine Treue erwiesen, indem er mich nicht stottern noch wanken ließ. Sein Geist gab mir die richtigen Worte und seinen Frieden, während ich sprach.

Hiermit möchte ich alle ermutigen, die sich in einer ähnlichen Situation befinden. Wenn der Herr Sie beauftragt hat, als Missionar zu vielen Menschen zu sprechen oder ein prophetisches Wort in der Gemeinde weiterzusagen (oder auch einen Israelvortrag zu halten), dann lassen Sie sich von Ihrer Angst nicht überwältigen. Machen Sie sich bewusst, dass die Angst ein Mittel des Teufels ist, Sie von Ihrem Auftrag abzuhalten. Lassen Sie die Angst auf der Seite stehen und schauen Sie auf den Herrn; er wird Sie durchtragen.

Afrikanischer Tanz zu Ehren Israels, nach einem Vortrag von Doron Schneider in Nigeria.

Das war ein Glaubensschritt für mich, durch den ich hindurch musste. Die Angst wird er uns nicht wegnehmen, sondern er lehrt uns, wie wir sie überwinden können.

Die Königin Ester hatte auch unwahrscheinliche Angst (Ester 4,4), bevor sie zum König ging, um mit ihm über die mögliche Rettung ihres Volkes zu sprechen. Bei ihr war das sogar eine Frage von Leben und Tod. Als ihr Vetter Mordechai diese Angst in ihr spürte, sagte er zu ihr: »Denn wenn du jetzt schweigst, so wird von einer anderen Seite her Befreiung und Rettung für die Juden kommen, du aber und das Haus deines Vaters werden untergehen« (Ester 4,14). Der Teufel wollte auch Ester davon abhalten, ihr Volk zu retten, und machte ihr Angst.

Der Teufel jagt uns diese Angst ein, aber mit Glauben an den Herrn können wir diese Angst überwinden und somit das Vorrecht ausleben, für Gottes Reich zu wirken und ein Teil in seinem Heilsplan zu sein. Gott wird zu seinem Ziel kommen, mit oder ohne uns. Wenn wir die Angst gewinnen lassen, dann findet er jemand anderen, der sich die Krone verdienen wird, aber »Befreiung und Errettung für die Juden« wird kommen.

Über zehn Jahre halte ich schon Vorträge über Israel, nicht nur in Deutschland, sondern auch in der Schweiz, Österreich, Dänemark, Finnland, Südafrika und sogar in Nigeria vor 10 000 Menschen. Der Herr war immer treu zu mir und hat mir bei jedem Vortrag erneut Gnade erwiesen und mir seine Worte in den Mund gelegt. Er wird es auch bei Ihnen tun, wenn er Sie irgendwohin schickt. Darauf können Sie sich verlassen!

27. Die größte Ironie aller Zeiten

Die Juden wurden von Anfang an auf ihren Messias vorbereitet. Gott hat mehr in das jüdische Volk investiert als in jede andere

Nation. Er gab ihnen jeden Vorsprung, den er ihnen nur geben konnte, und als der Messias dann endlich zu ihnen kam, haben sie ihn abgelehnt.

Dies erklärte Paulus den Gläubigen in Rom. Er listete ihnen all die Dinge auf, wie Gott das Volk Israel schon lange bevor Jesus auf die Welt kam auf diesen Moment vorbereitet hatte: »Sie sind das Volk Israel, das Gott als seine besonderen Kinder erwählt hat. Ihnen hat Gott seine Herrlichkeit offenbart. Mit ihnen hat er Bündnisse geschlossen, und ihnen hat er sein Gesetz gegeben. Sie erhielten das Vorrecht, ihn anzubeten, und sie empfingen seine Zusagen.« (Römer 9,4).

Durch den Tempeldienst und Gottesdienst wurde dem Volk Israel auf praktische Art und Weise beigebracht, dass ein Opfer notwendig ist, damit ihre Sünden vergeben werden können, dass Blut von einem unbefleckten Lamm vergossen werden muss. Daran konnten sie lernen, dass nur jemand, der ohne Sünde ist, dieses Opfer sein kann.

Selbst die gesamte Ausstattung des Tempels gab schon Hinweise auf Jesus und sein Wirken. Der siebenarmige Leuchter, der den Weg zum Allerheiligsten beleuchtete, weist auf Jesus als Vermittler zwischen uns und Gott dem Vater. Auch der Vorhang vor dem Allerheiligsten, wo sich der Gnadenthron Gottes befand, zerriss genau in dem Moment, als Jesus am Kreuz seinen Geist aufgab und starb. Er zerriss von oben nach unten, weil Gott ihn zerriss, und von dem Moment an war der Durchgang zu Gott dem Vater durch das Opfer von Jesus geöffnet. Die Opferung von Isaak, Abrahams Sohn, zeigte den Kindern Israel, dass auch Gott eines Tages seinen Sohn opfern wird.

Als aber die Israeliten all diese Hinweise nicht verstanden, schickte Gott ihnen die Propheten, um es ihnen noch deutlicher zu machen. Jesaja erklärte dem Volk Israel wortwörtlich in Bezug auf den Messias: »Dennoch: Er nahm unsere Krankheiten auf sich und trug unsere Schmerzen. Und wir dachten, er wäre von Gott geächtet, geschlagen und erniedrigt! Doch wegen unserer Vergehen wurde er durchbohrt, wegen unserer Übertretungen zerschlagen. Er wurde gestraft, damit wir Frieden haben. Durch seine Wunden wurden wir geheilt! Wir alle gingen in die Irre wie Schafe. Jeder ging seinen eigenen Weg. Doch ihn ließ der Herr die Schuld von uns allen treffen.« (Jesaja 53,4-6).

Und was die Israeliten mit diesen Propheten machten, sagt Jesus, als er über Jerusalem weint: »O Jerusalem, Jerusalem, du Stadt, die Propheten ermordet und Gottes Boten steinigt! Wie oft wollte ich deine Kinder zusammenrufen, wie eine Henne, die ihre Küken unter ihren Flügeln birgt, doch ihr habt es nicht zugelassen.« (Matthäus 23,37).

Schließlich als Höhepunkt gab er ihnen Christus, der Gott selbst ist! »Ihre Vorfahren waren die Stammväter, und auch Christus selbst stammt seiner menschlichen Herkunft nach aus dem jüdischen Volk. Er ist Gott, der über alles regiert, ihn loben wir in alle Ewigkeit! Amen.« (Römer 9,5). Dieser Vers bestätigt wortwörtlich die Gottheit Jesu. Somit war das die größte Investition am jüdischen Volk.

Das war die größte Tragödie. Wenn wir die Geschichte genau betrachten, hatten die Juden alles, was sie benötigten, um das Kommen ihres Messias, auf den sie so lange gewartet hatten, nicht zu verpassen. Sie wurden schon Tausende Jahre vorher auf sein Kommen und Opfer vorbereitet. Es lag in ihrem Blut, in ihren Knochen, und jetzt, als es darauf ankam, lehnten sie Gott ab.

Und Gott sei Dank, dass es doch einige gab, die Jesus nicht ablehnten, sonst wäre das Evangelium nicht in die ganze Welt hinausgegangen. Die zwölf Apostel waren Juden, die Jesus glaubten und nachfolgten. Er brauchte eigentlich nur diese zwölf Jünger, die bei ihm in eine dreijährige Bibelschule gingen.

Heißt das etwa, dass Jesus nur für die paar Jünger und noch eine Handvoll, die an ihn glaubten, auf die Welt kam? Hat Gott etwa einen Fehler begangen? Ging etwas schief? Paulus stellte der Gemeinde in Rom auch diese rhetorische Frage, weil er ahnte, wie sie denken würden, nachdem er ihnen die Liste mit den vielen Vorbereitungshinweisen (vgl. Römer 9,4-5) aufgeschrieben hatte. »Nicht aber, dass das Wort Gottes nun hinfällig wäre! Denn nicht alle, die von Israel abstammen, sind Israel; auch sind nicht alle, weil sie Abrahams Same sind, Kinder, sondern ›in Isaak soll dir ein Same berufen werden‹. Das heißt: Nicht die Kinder des Fleisches sind Kinder Gottes, sondern die Kinder der Verheißung werden als Same gerechnet.« (Römer 9,6-8).

Das soll nicht zu hart gegen Israel klingen, aber nicht alle, die wir als Israelis betrachten »sind Israel«. Paulus sagt ein ganz klares Nein dazu, wahrscheinlich braucht Gott nicht alle Israelis für seinen Heilsplan. Der Prophet Jesaja schneidet diese empfindliche Thematik ebenfalls an: »Selbst wenn nur ein Zehntel überlebt, ist es doch zur Vernichtung bestimmt, wie bei einer gefällten Terebinthe oder Eiche, von der nur ein Stumpf übrig bleibt. Ein heiliger Same ist dieser Stumpf.« (Jesaja 6,13).

Was verstehen wir überhaupt unter dem Begriff Israel? Für manche Leute ist Israel nur ein politischer Begriff oder noch ein weiterer Staat auf der Welt, besonders seit 1948, seitdem Israel wieder in den Atlanten abgezeichnet ist. Für andere Leute ist Israel nur ein schöner Urlaubsort. Die anderen beschränken den Begriff Israel nur auf die im Heiligen Land lebenden Juden, ohne die restlichen Juden auf der Welt mitzurechnen.

Es kommt auf das an, was Gott unter Israel versteht. Gott denkt anders als der Mensch, deswegen entspricht keiner der oben erwähnten Punkte dem göttlichen Israel. Für Gott ist Israel vielmehr eine Minderheit von Juden, die ihn beim Wort genommen und daran geglaubt haben. Punkt.

Das war schon immer so bei Gott. Er braucht keine großen Mengen und somit auch nicht alle Juden, um seine Verheißungen zu erfüllen – nur ein paar, nur diejenigen, die glaubten, was Gott sagt, und danach lebten. Diejenigen, die in der Bibel als »Überrest« bezeichnet werden. Männer des Glaubens und der Tat, solche wie Abraham, der Gottes Verheißungen glaubte und alles stehen und liegen ließ, um in ein fremdes Land zu ziehen. Mose, der Gott gehorchte und auf seine noble Position in Ägypten verzichtete, was zu seiner Zeit bestimmt kein politisch korrekter Akt war. Josua und Kaleb, die als Einzige vom Volk Israel, das aus Ägypten ausgezogen war, Gott vertrauten und deshalb auch die Einzigen waren, die das Gelobte Land betreten durften. Die anderen ließen sich von den Riesen verängstigen, wie man heutzutage auch leicht vor den vielen Feinden Israels Angst bekommen kann.

Die von Paulus erwähnten »Väter«, also die drei Erzväter Abraham, Isaak und Jakob, waren keine besseren Menschen als wir. Sie haben alle gelogen. Abraham hatte gelogen, als er in Ägypten seine Frau als seine Schwester ausgab, Isaak tat mit Rebekka noch einmal das Gleiche bei den Philistern, und Jakob log seinen Vater Isaak an und betrog Laban mit den Schafherden. Sie mussten auch dafür bezahlen.

Aber worin unterschieden sich diese drei Personen so sehr vom Rest? Was machte sie so besonders, dass Gott ausgerechnet mit ihnen einen Bund schloss und sich sogar nach ihnen benannte als »der Gott Abrahams, Isaaks und Jakobs«? Die Antwort darauf ist sehr einfach! Sie glaubten, dass das, was Gott sagt, wahr ist, und handelten danach. Deswegen ist dieser Gott auch Ihr und mein Gott heute, aber nur, wenn wir an das glauben, was er sagt, und danach handeln.

Deshalb ist es wichtig, dass wir wissen, was in der Bibel steht, insbesondere was Gott über Israel sagt. Wenn wir dann auch daran glauben, danach handeln, dann gehören wir zu dieser Gruppe von Leuten, diesem gewissen »Überrest«, den Gott auch heute noch gebrauchen will. »Wer auf mich hört und danach handelt, ist klug und handelt wie ein Mann, der ein Haus auf massiven Fels baut.« (Matthäus 7,24).

Nur mit diesem gewissen Überrest kann Gott bauen und Geschichte machen und wird zum Ziel seines Heilsplanes kommen. Und über die Jahrtausende im Alten und Neuen Testament gab es immer einen »Überrest«, eine Minderheit.

Elia schrie zu Gott und meinte, er wäre der Letzte vom auserwählten Volk, aber Gott sagte ihm, dass es da noch einige gab, die nicht vor den weltlichen Götzen niederknieten: »Doch 7 000 Menschen in Israel will ich verschonen: alle, die sich nie vor Baal niedergeworfen und ihn geküsst haben.« (1. Könige 19,18).

Das Gemeinsame an all diesen Geschichten von den gewissen »Überresten«, diesen Gottesmännern (oder auch -frauen), die trotz weltlicher Verachtung auf Gottes Verheißungen vertrauten und danach handelten, ist, dass Gott ihnen Gelingen gab. Es könnte so aussehen, als hätte Gott etwas falsch gemacht, weil vor zweitausend Jahren so viele Juden seinen Sohn ablehnten. Nein, sondern Gott erfüllte dadurch seine Verheißungen und wird es weiter so tun, aber auch diesmal, wie schon immer, nur durch diejenigen, die ihm vertrauen und nach seinem Willen handeln. Wer auf beiden Hochzeiten zu tanzen versucht und damit eigentlich seine Knie vor dem heutigen »Baal« beugt, den kann der Herr nicht gebrauchen.

Auch Gideon musste dieses Prinzip lernen, dass Gott keine riesige Menge brauchte, um die große Armee der Midianiter zu besiegen. Vielleicht kann das auch eine Lektion für uns heute sein, die wir ja so an Mengen orientiert sind. Sogar in den Kirchen und Gemeinden ist man oft davon überzeugt, dass die Qualität einer Gemeinde in ihrer Größe liegt. Das ist falsches Denken. Das ist nicht Gottes Prinzip! Es liegt an denen, die fest an Gott glauben und danach handeln. Nur diejenigen kann Gott zur Erfüllung seiner Verheißungen und seines Heilsplanes gebrauchen.

Abraham hatte insgesamt acht Söhne. Aber Gott brauchte nur einen für seinen Heilsplan, weil nur einer der Sohn der Verheißung war. Paulus schreibt, »Nicht alle Nachkommen Abrahams sind deshalb schon seine wahren Kinder. Denn in der Schrift heißt es: ›Nur die Nachkommen Isaaks sollen als deine Nachkommen bezeichnet werden.‹« (Römer 9,7).

Dann passierte etwas in der folgenden Generation. Zwillinge wurden geboren. Die Zwillinge waren natürlich von derselben Mutter, aber Gott erwählte auch in diesem Fall nur einen von ihnen. Rein menschlich gesehen hätte der Ältere auserwählt werden müssen, aber Gott wählt nicht nach menschlichen Prinzipien aus. Daher war es auch keine »natürliche Selektion« (wenn mir gestattet ist, einen Begriff aus der Evolutionstheorie Darwins zu verwenden). Das war meistens so, und dazu kam noch, dass der Jüngere dem Älteren dienen musste (siehe Römer 9,12).

Man könnte sich jetzt innerlich fragen, warum das so ist. Man könnte meinen, das sei nicht ganz fair. Hier erklärt Paulus im weiteren Verlauf von Kapitel 9 des Römerbriefes etwas, das die Menschheit nicht gerne hört: dass Gott einen freien Willen hat. Er hat uns einen gewissen Grad von freiem Willen gegeben, aber er hat den absoluten freien Willen, er kann frei auswählen – denn er ist Gott. Wenn er jemanden gnädig ist, dann ist das seine Entscheidung und sein Recht.

Auch die Arbeiter in dem Gleichnis vom Herrn des Weinbergs reagierten so und fanden ihn unfair (s. Matthäus 20). Sie gingen empört zu ihm und beschwerten sich, dass sie länger arbeiten mussten und doch den gleichen Lohn wie diejenigen bekamen, die nur eine Stunde gearbeitet hatten. »Habe ich nicht die Macht, mit dem Meinen zu tun, was ich will?«, antwortete ihnen der Hausherr.

Gott kann mit seiner Barmherzigkeit machen, was er will. Er kann sie geben, wem er will, dazu hat er das absolute Recht. Das erscheint uns Menschen oft als unfair; die sofortige menschliche Reaktion in solchen Fällen ist oft eine Anklage gegen Gott.

Ich habe vier liebe Kinder, aber lange bevor sie lernten, JA zu sagen, lernten sie, NEIN zu sagen. Und einer ihrer ersten Sätze war: »Das ist nicht fair!«, und dabei verzogen sie ihre süßen kleinen Gesichter. Ich habe auch schon Erwachsene mit solchen Gesichtern gesehen. Wenn wir nicht vorsichtig sind, gehen wir, ohne es zu merken, durch das Leben und sagen bzw. denken über Gott: »Das ist nicht fair!« Aber Gott ist Gott!

Paulus behandelt dieses Thema auch und fragt: »Spricht denn das Gebilde zu dem, der es geformt hat: warum hast du mich so gemacht?«

Manchmal stöhnen wir über das Wetter, den vielen Regen im Winter, die heiße Sonne in Israel. Aber wenn wir uns darüber beklagen, dann sagen wir im Grunde damit zu dem Schöpfer des Universums, er hätte keine gute Arbeit geleistet und könnte seine Schöpfung nicht richtig verwalten.

Wenn wir plötzlich krank werden und Gott ständig fragen, warum er das zugelassen hat (obwohl die Bibel uns viele andere Gründe für unsere Krankheiten nennt), dann sagen wir auch hiermit zu Gott: »Du bist nicht fair!«

Wenn wir aber so über Gott denken oder sprechen, überheben wir uns über Gott und denken, überspitzt formuliert, »Für wen hält er sich?« Und warum klagt er uns an, wenn er sowieso frei entscheidet, über wen er sich erbarmt und wessen Herz er verhärtet?

»Was sollen wir dazu sagen? War Gott ungerecht? Natürlich nicht! Denn Gott sagte zu Mose: ›Ich schenke meine Gnade und mein Erbarmen, wem ich will.‹ Gottes Zusagen erhalten wir also nicht, indem wir sie uns wünschen oder uns darum bemühen, sondern Gott erbarmt sich über den, den er erwählt. Denn in der Schrift heißt es, dass Gott zu Pharao sagte: ›Ich habe dich berufen, um an dir meine Macht zu zeigen und meinen Namen auf der ganzen Erde bekannt zu machen.‹ Ihr seht also, dass Gott sich über den erbarmt, über den er will, und dass er das Herz eines anderen verschließt, sodass er nicht auf ihn hört. Nun wendet jemand vielleicht ein:

›Warum wirft Gott den Menschen dann noch vor, dass sie nicht auf ihn hören? Kann sich denn jemand seinem Willen widersetzen?‹ Was denkst du, wer du bist? Du bist doch nur ein Mensch und willst dich mit Gott streiten? Sagt das Geschaffene etwa zu seinem Schöpfer: ›Warum hast du mich so gemacht?‹ Wenn ein Töpfer Gefäße aus Ton formt, hat er da nicht das Recht, aus demselben Klumpen Ton ein Gefäß für besondere Anlässe und ein anderes für den gewöhnlichen Gebrauch herzustellen?« (Römer 9,14-21).

Wir dürfen jetzt nicht meinen, dass wir darin keine Rolle zu spielen haben und Gott die Herzen nach dem reinen Zufallsprinzip verstockt oder sich barmherzig zeigt. Das von Paulus angeführte Beispiel vom Pharao ist passend; er ist jemand, dessen Herz von Gott verstockt wurde. Bei den ersten sieben Plagen in Ägypten verstockte Pharao sein Herz selbst gegen Gott, und erst danach sagte Gott, wie du willst, jetzt werde *ich* dein Herz verstocken.

So ist unser Gott! Er ist geduldig und gibt uns immer wieder Möglichkeiten, das Richtige zu tun. Er zieht nicht einfach einen Namen aus dem Hut und sagt, den will ich verstocken und über den anderen werde ich mich erbarmen. Nein. Gott verstockt nur diejenigen, die schon selbst ihr Herz gegen Gott verstockt haben. Gott sagt einfach, du hast deinen Weg gewählt und ich werde dir zeigen, was es heißt, diesen Weg weiterzugehen. Gott reagiert auf unser Handeln, er ist ein interaktiver Gott.

Jeremia ging auch zum Töpfer: »Wenn ein Gefäß, an dem er arbeitete, seinen Erwartungen nicht entsprach, nahm er den Ton und formte ein neues Gefäß daraus, bis es genau so aussah, wie er es haben wollte.« (Jeremia 18,4). Deswegen machte der Töpfer ein einfaches Gefäß für den täglichen Gebrauch daraus. Der Grund dafür liegt nicht beim Töpfer, sondern beim Ton, der schon verhärtet war, als er in die Hände des Töpfers kam.

Das gilt für uns ebenso. Wenn wir unser Herz gegen Gott verstocken, verstockt er uns nach einer gewissen Zeit noch mehr.

Wenn wir von seinem Weg abweichen und nicht auf seine Warnungen und Rückkehrrufe hören, dann verstocken wir unser Herz gegen Gott.

Auf die gleiche Weise können wir auch unser Herz gegen Israel verstocken. Viele Christen haben leider noch ein hartes und verstocktes Herz gegen Israel; sie verstehen nicht, weshalb sie Israel lieben sollen, warum Israel ein gewisser Aspekt ihres Glaubenslebens sein muss, der nicht ignoriert werden darf.

Wenn wir aber unser Herz öffnen und Gott und seinem Wort glauben, wenn wir an die Erfüllung seiner Verheißungen für Israel glauben und danach handeln, auch wenn das jeder weltlichen Meinung von heute zuwiderläuft, erst dann kann und wird der Herr uns gebrauchen. Dann gehören wir zu dem gewissen Überrest, der seinen Heilsplan zu Ende führen wird, von dem die Bibel so oft spricht.

Es ist ein Vorrecht, zu diesem Überrest zu gehören. Gott möchte uns für die Erfüllung seines Heilsplans gebrauchen. Alles, was wir für diese Aufgabe mitbringen müssen, ist unsere Bereitschaft. Egal, wie alt oder jung Sie sind; egal, wie gelehrt oder ungeschult Sie sind; egal, wie reich oder arm Sie sind – der Herr will Sie gebrauchen.

Der Herr wird uns aus der schlimmsten Not und aus dem tiefsten Loch herausholen, aber er wird uns nicht aus unserem bequemen Sessel holen. Gehören Sie zu diesem Überrest?

*»Aber Gott hat mich vor euch hergesandt,
um euch einen ›Überrest‹ zu sichern auf Erden,
und um euch am Leben zu erhalten zu einer
großen Errettung.« (1. Mose 45,7)*

*»Hätte uns der HERR der Heerscharen nicht einen
geringen ›Überrest‹ übriggelassen, so wären wir wie Sodom,
gleich wie Gomorra geworden!« (Jesaja 1,9)*

*»Und es wird geschehen: An jenem Tag wird der ›Überrest‹
Israels und das, was vom Haus Jakobs entkommen ist, sich
nicht mehr auf den stützen, der ihn schlägt,
sondern er wird sich in Wahrheit auf den Herrn verlassen,
auf den Heiligen Israels.« (Jesaja 10,20)*

*»Ein ›Überrest‹ wird sich bekehren, der ›Überrest‹ Jakobs
zu dem starken Gott.« (Jesaja 10,21)*

*»An jenem Tag wird der Herr der Heerscharen für den
›Überrest‹ seines Volkes eine herrliche Krone und ein
prächtiger Kranz sein.« (Jesaja 28,5)*

*»Denn so spricht der HERR: Frohlockt mit Freuden über
Jakob und jauchzt über das Haupt der Völker! Verkündet,
singt und sprecht: Rette, o Herr, dein Volk, den ›Überrest‹
Israels!« (Jeremia 31,7)*

*»Jesaja aber ruft über Israel aus: ›Wenn die Zahl der
Kinder Israels wäre wie der Sand am Meer, so wird doch nur
der ›Überrest‹ gerettet werden.‹« (Römer 9,27)*

*»So ist nun auch in der jetzigen Zeit ein ›Überrest‹
vorhanden aufgrund der Gnadenwahl.« (Römer 11,5)*[17]

28. Tröster Israels – Wegbereiter für Jesus

Als ich bei meiner Taufe 1994 aus dem Wasser des Sees Genezareth stieg, hatte ich nur einen Wunsch in meinem Herzen: Israel zu missionieren. Ich wollte ein Missionar in Israel werden. Ich kontaktierte einige Missionswerke im Land und meldete mich für den nächsten Einsatz an.

Es sollten Bücher und Traktate auf dem Rockkonzert von U2 verteilt werden, das in einem riesigen Park in Tel Aviv stattfand. Es war acht Uhr abends, als ich mich mit großer Freude für den Herrn auf den Weg zum Treffpunkt machte. Um mich schon ein wenig für meinen Evangelisationseinsatz aufzuwärmen, nahm ich noch einige junge Anhalter mit, die auch zum Konzert wollten, und erzählte ihnen begeistert von meiner Bekehrung (die damals noch nicht so lange zurücklag). Knallhart wurde ich von ihnen sofort als »Loser«, als Verlierer abgestempelt. »Das Leben ist kurz und schön, wenn wir es nur zu genießen wissen. Wir glauben dir schon, dass Gott uns lieb hat. Deswegen hat er uns ja Drogen und Alkohol gegeben, ha ha ha!«, spotteten sie gemeinsam. Das verunsicherte mich für den auf mich zukommenden Abend und ich hoffte, dass nicht alle so reagieren würden. Der Teufel wollte mich dadurch von der Mission abhalten. Dann sprach der Geist Gottes zu mir: Wenn der Widersacher selbst gegen diesen Einsatz war, dann war ich bestimmt auf dem richtigen Weg, sonst würde ihn das nicht stören.

Am Treffpunkt standen mehrere messianische Juden, die schon einsatzbereit auf mich warteten. Es wurde zuerst gebetet und dann bekam jeder einen Rucksack, der mit missionarischen Büchern und Neuen Testamenten auf Hebräisch vollgepackt war. Wir sahen zu, wie die vielen Tausend Menschen zum Konzert strömten, und gingen mit den Büchern auf sie zu. Die ganze Nacht verteilten wir Bücher, aber es kam nur zu wenigen Gesprächen. Ein paar Freunde aus meinem alten Leben erkannten mich wieder und versuchten, mich von dem »Blödsinn« abzuhalten und mit ihnen ins Konzert zu kommen. Doch mein Herz brannte so sehr für Jesus, dass das für mich überhaupt nicht infrage kam.

Das Konzert war zu Ende und wir verteilten weiter die dünnen Bücher an die herausströmenden Menschen. Auf einmal fiel mir auf, dass der ganze Park mit unseren verteilten Büchern übersät war. Traurig sammelten wir sie alle wieder ein. Um vier Uhr morgens waren wir endlich fertig. Wir sammelten fast so viele Bücher ein, wie wir verteilt hatten. Ich war darüber frustriert. Auf der Rückfahrt suchte ich beim Herrn eine Erklärung dafür. War dieser Einsatz eine Zeitverschwendung oder war es doch der Wille Gottes? Darauf bekam ich an demselben Abend keine Antwort.

Der nächste evangelistische Einsatz fand am Strand des See Genezareth statt und dann wieder einer in Tel Aviv. Jedes Mal dasselbe, am Schluss sammelten wir alle Bücher wieder ein. Nein, das konnte es nicht sein. Ich wollte mehr mit den Menschen ins Gespräch kommen, Bekehrungen sehen, mit ihnen beten, aber sie hatten es immer eilig – erst hinein zum Konzert und dann schnell zurück nach Hause.

Es vergingen einige Jahre und der Herr gab mir eine neue Arbeitsstelle. Er sprach sehr deutlich zu mir: Ich sollte den alten Arbeitsplatz verlassen und er wird mir etwas Neues geben. Das war für mich ein großer Glaubensschritt – vielleicht sogar der größte meines Lebens –, denn ich hatte schon eine kleine Familie zu versorgen und ein Haus und Auto abzuzahlen. Ich fühlte mich ein wenig wie Abraham, als Gott ihm befahl, in ein anderes Land zu gehen, aber ohne ihm zu verraten, wohin und wie es weitergehen wird. Aber so treu, wie der Herr bei Abraham war, so treu war er auch bei mir. Ein paar Wochen nach der Kündigung öffnete der Herr mir eine Tür bei der Internationalen Christlichen Botschaft in Jerusalem.

Diese Botschaft wurde 1980 als Solidaritätszeichen von Christen gegründet. Denn in diesem Jahr beschloss das israelische Parlament, die Knesset, die vereinte Stadt Jerusalem durch eine

Deklaration als Hauptstadt Israels festzulegen. Das gefiel den arabischen Staaten nicht. Sie drohten mit einem Ölembargo für jede Nation, die ihre Botschaft in Jerusalem lässt und damit Jerusalem als Israels Hauptstadt anerkennt. Damals waren bereits dreizehn Botschaften in Jerusalem. Innerhalb einer Woche verließen sie alle die Stadt und zogen nach Tel Aviv um. Ich kann mich noch gut an die Bilder in den Zeitungen erinnern, als die fremden Diplomaten mit ihren Akten unterm Arm ihre Botschaften verließen. Es herrschte eine traurige Stimmung in Israel. Auf den Straßen und bei den Tagesgesprächen hörten wir: »Wieder haben sie uns allein gelassen!« Das jüdische Volk wurde schon so oft alleingelassen, aber jedes Mal schmerzt es von Neuem. Es gibt Dinge, an die man sich nicht gewöhnen kann.

Gerade zu dieser Zeit waren viele Christen zu einer Konferenz nach Jerusalem gekommen. Sie fühlten den Schmerz des Volkes und konnten nicht passiv danebenstehen. Als Israel liebende Christen spürten sie den Drang, für Israel in den Riss zu treten. Sie beteten und wurden vom Herrn beauftragt, die Internationale Christliche Botschaft zu gründen. Was 1980 bei der Eröffnungszeremonie mit dreiundzwanzig vertretenden Nationen begann, ist heute auf achtzig Vertretungen aus der ganzen Welt gestiegen.

Der Auftrag für die Christliche Botschaft stammt aus Jesaja 40,1: »Tröstet, tröstet mein Volk, spricht euer Gott!« Das tut die Christliche Botschaft seitdem, durch Sozialhilfe für die Armen in Israel, Unterstützungen von Kinderheimen, Versorgung für jüdische Holocaust-Überlebende und vieles mehr.

Wenn wir einer bedürftigen Familie eine Tüte Lebensmittel für die Feiertage überreichen, dann freuen die Eltern und Kinder sich sehr darüber. Aber sobald wir ihnen sagen, dass es Christen waren, die ihnen diese Tüte gespendet haben, sind sie »baff«! Sie können es kaum glauben. Einmal sah ich, wie sie die Tüte wortwörtlich fallen ließen vor lauter Staunen. Sie konnten es einfach nicht glauben, so ähnlich wie die damals in Jerusalem versammelten ersten Christen es nicht glauben konnten, dass Paulus jetzt einer von ihnen war.

Das jüdische Volk hat in den vergangenen 2 000 Jahren fast immer nur unter den Christen leiden müssen. Und weil die meisten Juden das Neue Testament nicht lesen, es sogar in manchen Kreisen heutzutage noch als ein verbotenes Buch gilt, wissen sie gar nicht, was darin steht. Deshalb meinen sie, wenn die Christen dauernd die Juden verfolgt und gehasst haben, hatte Jesus sie wohl im Neuen Testament dazu beauftragt. Darum haben sie ein ganz falsches Bild von Jesus. Für die meisten Juden in Israel ist Jesus ein Verfolger und bestimmt kein Erlöser.

Wenn dann auf einmal Christen kommen und jüdischen Familien mit notwendigen Lebensmitteln helfen, ist das zuerst einmal ein großer Schock für sie. Später interessieren sie sich immer mehr für diese etwas »anderen Christen«, und wenn sie von der Echtheit der Liebe überzeugt sind, dann öffnen sich die Herzen.

Die Internationale Christliche Botschaft finanzierte auch Flüge für die Aliya (Rückkehr von Juden aller Nationalitäten nach Israel) für Menschen, die sich den Flug nach Israel nicht leisten konnten.

Da kam einmal ein alter Jude langsam die Flugzeugtreppe herunter, und als er unten ankam, knickte er zusammen, fiel auf den Boden und weinte bitterlich. Wir griffen ihm unter die Arme, halfen ihm wieder hoch und trugen ihn in den Bus. Dort sagte er zu uns mit Tränen in den Augen: »Ich bin jetzt 87 Jahre alt. Mein Traum, nach Israel einzureisen, ist heute in Erfüllung gegangen. Als ich aber erfuhr, dass Christen diesen Flug für mich bezahlt haben und ihr mich hier unten mit einem Blumenstrauß empfangen habt, das war zu viel für mich. Ich wurde mein Leben lang immer nur von Christen verspottet und verfolgt. Ich werde bestimmt bald sterben; und dass ich das noch miterleben kann, wie Christen uns Juden auch lieben können, das ist ein Zeichen für das baldige Kommen des Messias!« Er kannte die Worte des Propheten Jesaja gut: »So spricht Gott, der Herr: Siehe, ich will meine Hand zu den Heiden hin erheben und für die Völker mein Banner aufrichten; und sie werden dir deine Söhne im Gewandbausch herbringen, und deine Töchter werden auf der Schulter herbeigetragen werden.« (Jesaja 49,22).

Christian Stephan hilft den gerade angekommenen Neueinwanderern aus dem Flugzeug.

Nach all diesen Erlebnissen sah ich auf einmal ein, dass der Herr durch meinen Arbeitswechsel eigentlich meinen Wunsch erfüllt hatte, ein Missionar in Israel zu sein. Die Internationale Christliche Botschaft zeigt den Juden einfach eine andere, oder genauer gesagt: die richtige Seite des Christentums bzw. von Jesus. Denn diese zweitausend Jahre lang hoch aufgebaute Mauer kann nur durch Liebe und Trost durchbrochen werden. Nur so können die Juden zur wahren Erkenntnis über Jesus kommen und es für möglich halten, dass er auch sie lieb hat und ihr Erlöser ist. Diese christliche Liebe hilft ihnen umzudenken, von einem »verfolgenden« Jesus auf einen Erlöser Jesus, ihren Messias.

Ein von der Internationalen Christlichen Botschaft finanziertes Heim für Holocaust-Überlebende durchbrach viele solche Mauern. Als dieses Heim in Haifa erworben wurde, organisierte die Botschaft auch Handwerker aus Deutschland für die Renovierung. Sofort erklärten sich die fleißigen Handwerker der Sächsischen Israelfreunde bereit dazu. Wochenlang klopften, strichen und renovierten sie jede Ecke des neuen Heimes mit großer Liebe. Dieses Heim sollte den Bewohnern zum Wohnen und zur Pflege zur Verfügung stehen. Das israelische Fernsehen berichtete sehr ausführlich über diese – für Israel unbekannte – christliche Hilfe. In diesem Fall waren es sogar Handwerker aus Deutschland, die ihre ganzen Urlaubstage dafür opferten und den Flug selbst bezahlten, um in Israel den Holocaust-Überlebenden ihre letzten Jahre noch etwas angenehm zu machen.

Ein 90-jähriger Jude, ein Holocaust-Überlebender, der tagelang diese Handwerker beobachtete, zeigte einem Reporter die eintätowierte KZ-Nummer auf seinem Arm und sagte auf Deutsch: »Ich habe mir seit dem Holocaust geschworen, nie wieder ein deutsches Wort in den Mund zu nehmen. Aber als ich diese deutschen Handwerker beobachtet habe, mit welch einer großen Liebe sie uns dieses Haus renovierten«, es liefen ihm die Tränen an den Wangen herunter, »da habe ich meinen Schwur gebrochen.«

Diese Art von christlicher Liebe zu den Juden sind Wegbereiter für Jesus zurück zu seinem Volk. Sie räumen große und kleine Steine aus dem Weg, sie bereiten den Weg des Herrn (s. Jesaja 40,3). Diese Wegbereitung ist ein direktes Ergebnis von Gottes Aufruf an die Menschheit: »Tröstet mein Volk!«

Manche Christen fragen sich, wie man die Israelis bzw. Juden lieben kann, wo sie doch Gott gegenüber ungehorsam und deshalb nicht besser als alle anderen sind. Stimmt, wir Israelis sind nicht besser, wir sind aus dem gleichen Material gemacht wie alle anderen Menschen. Aber Gott hat Israel nun mal als Werkzeug für seinen Heilsplan auserwählt, so wie alle Kinder Gottes von Gott erwählt und geliebt wurden, schon lange bevor wir unser Leben Jesus übergeben haben. »Denn Gott hat die Welt so sehr geliebt, dass er...« (Johannes 3,16). Oder hat Gott uns erst dann angefangen zu lieben, nachdem wir Jesus als unseren Erlöser angenommen haben? Nein! Darum dürfen wir auch jetzt schon das jüdische Volk lieben, auch wenn es heute Gott noch ungehorsam ist. Denn nur Liebe kann dies verändern und den Weg für Jesus bahnen, die Steine aus dem Weg räumen, die den Juden den Blick zu ihrem wahren Messias blockieren.

»Zieht ein! Kommt durch die Tore herein! Bahnt meinem Volk den Weg! Macht die Straße eben, macht sie eben! Schafft die Felsbrocken fort und hisst eine Fahne, die alle Völker sehen können. Der Herr hat es bis zum Ende der Erde wissen lassen: ›Sagt doch zur Tochter Zion: »Seht, dein Retter kommt. Er bringt seinen Lohn mit und führt sein wieder erworbenes Volk vor sich her.«‹ Man nennt es ›heiliges Volk‹ und ›vom Herrn erlöstes Volk‹ und dich werden sie ›Stätte der Sehnsucht‹ und ›nicht mehr verlassene Stadt‹ nennen.«
(Jesaja 62,10-12)

29. Israels Verheißungen haben Bedingungen

Seien wir mit der israelischen Politik einverstanden oder nicht; finden wir die militärischen Aktionen Israels biblisch oder nicht; so sollten wir trotzdem den biblischen Zionismus als eines unserer christlichen Konzepte betrachten.

Wenn wir den biblischen Zionismus definieren wollen, können wir sagen, dass er danach strebt umzusetzen, was Gott in seinem Wort zusagt: Er vermacht dem jüdischen Volk das Land Israel als ewigen Besitz, und zwar für die Erlösung der ganzen Welt. Gott verhieß Abraham, dass er ihn gebrauchen und eine große Nation aus ihm machen und ihm das Land Kanaan zum ewigen Besitz geben wird. Gott sagte ihm auch, dass er all das tun wird, um die ganze Welt zu segnen: »Alle Völker der Erde werden durch dich gesegnet werden.« (1. Mose 12,3).

Es ist wichtig für uns, das zu verstehen, um die grundlegende Tatsache einzusehen, dass Israel das Land Kanaan zum Segen der Welt erhalten hat. Die Welt rebelliert momentan gegen Gott und ist in den Händen Satans und kann deshalb nicht einsehen, schätzen oder verstehen, dass ein göttlicher Segen und Wohlstand für sie damit zusammenhängt, ob das Volk Israel in seinem Land ist oder nicht.

Die Tragödie daran ist, dass Gott, als er sich Abraham offenbarte, ihm auch zeigen musste, dass Israel wegen des speziellen Rufs von Gott viel leiden wird und eine lange Wanderung vor sich hat. Wir kennen ja alle den langen Leidensweg des jüdischen Volkes in den vergangenen 2000 Jahren und davor... Unsere Welt hat sich so sehr von Gott entfernt und entfremdet, dass sie vor lauter Finsternis den besonderen Segen für sie durch Israel nicht sehen kann. Eigentlich hat die Welt schon ziemlich alles getan, um Israel und die Juden loszuwerden. Die finsteren Mächte wissen, dass in Israels Geschichte und Überleben ihr eigenes Ende liegt. Die ganze Welt liegt in dem Bösen. Deswegen können wir von der Welt nur Widerstand zu Gottes Plan erwarten (s. 1. Johannes 5,19).

In diesem Sinne sollten wir den heutigen Konflikt im Nahen Osten verstehen und nicht versuchen, ihn als einen harmlosen Konflikt oder einen säkularen Konflikt zu erklären. Der jetzige Konflikt im Nahen Osten hat nur ein Ziel, nämlich die Zerstörung des jüdischen Staates. Die Mächte der Finsternis benutzen dafür jedes erdenkliche Mittel, nicht nur in der Region, sondern auch in der ganzen Welt: von Kriegen, Terror und Intifada bis hin zu Demonstrationen gegen Israel, Boykott gegen israelische Produkte und Akademiker, Verurteilungen in der UNO, einseitiger Medienberichterstattung und sogar bis hin zu Aufrufen in sozialen Netzwerken wie Facebook, Israel zu vernichten. Selbst in den sogenannten christlichen Ländern besteht ein immer größer werdender Antagonismus zu allem, was mit Israel zu tun hat. Dies ist leider auch in vielen freien christlichen Gemeinden der Fall, was mir immer wieder ein Rätsel ist, weil wir doch dieselbe Bibel lesen. Es gibt tatsächlich nichts Neues unter der Sonne, und diese Versuche der finsteren Mächte, Israel zu vernichten, gab es schon lange bevor es den jüdischen Staat Israel gab: »Sieh doch, deine Feinde rebellieren gegen dich und lehnen sich gegen dich auf. Sie verschwören sich gegen dein Volk und schmieden hinterhältige Pläne gegen die, die du beschützt.« (Psalm 83,3-4). Es hat also nichts mit der heutigen israelischen Politik zu tun. Wer immer noch meint, dass der Grund für die Kriege und den Terror in Israel an den jüdischen Siedlungen oder den besetzten Gebieten liegt, der täuscht sich. Der eben genannte Vers bestätigt deutlich, dass die Welt schon vor über 3 000 Jahren den Wunsch hatte, Israel zu vernichten.

Ein anderes Beispiel dafür finden wir in Hesekiel 38, wo sich viele Nationen zusammentun, um Israel zu zerstören, während Israel in Frieden und Sicherheit lebt (Gog und Magog). Auch Hitlers nazistische Mordmaschine versuchte, durch ihre »Endlösung« das jüdische Volk total zu vernichten. Doch Gott hat den Fluch in einen Segen verwandelt. Statt der Vernichtung der Juden gibt es heute einen jüdischen Staat. Israel wurde ständig mit solchen teuflischen Plänen konfrontiert, weil Israel in sich den Erlösungsplan für die ganze Welt trägt.

Auf der anderen Seite sind die Verheißungen für Israel abhängig vom Gehorsam des Volkes Gott gegenüber. Das ist auch eine wichtige Tatsache, die wir nicht vergessen dürfen, wenn wir Israel heute richtig verstehen wollen. Während das Land auf ewig Israel gehört, hat das jüdische Volk nur dann ein Recht, es als Wohnsitz zu gewinnen, wenn sie Gott treu sind. »Alle Völker werden fragen: ›Weshalb hat der Herr diesem Land das angetan? Warum war er so zornig?‹ Und man wird ihnen antworten: ›Das ist geschehen, weil die Bewohner des Landes den Bund brachen, den der Herr, der Gott ihrer Vorfahren, mit ihnen geschlossen hatte, als er sie aus Ägypten führte. Sie wandten sich von ihm ab und verehrten fremde Götter und beteten sie an, Götter, die sie bis dahin nicht kannten und die der Herr nicht für sie bestimmt hatte. Deshalb wurde der Herr sehr zornig über dieses Land und brachte alle Strafandrohungen über die Bewohner des Landes, die in diesem Buch aufgeschrieben sind. In seinem Zorn und seiner Wut jagte der Herr sie aus ihrem Land und trieb sie in ein anderes, in dem sie heute noch leben!‹« (5. Mose 29,23-27).

In diesen Versen sehen wir, dass es ein Rätsel für die Welt ist, was mit Israel geschieht. Die Menschheit ist sich über das Geschehen mit Israel nicht im Klaren. Meiner Beobachtung nach gibt es auch Israelfreunde, die das noch nicht richtig verstehen und für die das immer noch ein Rätsel ist. Sie meinen, es reiche aus, wenn die Juden in ihre Heimat zurückkehren; wie sie dort aber leben, sei nicht mehr so wichtig. Hauptsache sie bleiben dort, dann werden die Verheißungen schon in Erfüllung gehen. Aber das Wort Gottes sagt etwas ganz anderes. Israel ist schon über 4000 Jahre in dem Land Israel/Kanaan verwurzelt. Weil sie aber als Nation über die Generationen hinweg Gott nicht treu gewesen waren, wurde Israel zweimal in die Welt verstreut und zweimal wieder zurückgerufen. Israels Sünde und Rebellion gegen Gott führte sie zum Gericht Gottes und in die Diaspora, aber Gottes Treue brachte sie jedes Mal wieder in ihre Heimat zurück.

Im Jahr 586 v. Chr. belagerte König Nebukadnezar Jerusalem, brannte den Tempel nieder und vertrieb die Juden aus dem Land. Siebzig Jahre später konnten sie wieder heimkehren und eine Art Erweckung in Jerusalem erleben – mit Esra und Nehemia: Als sie das Wort Gottes auf den Mauern Jerusalems lasen, da fiel die Gegenwart Gottes auf sie. Leider fielen sie dann später wieder in Ungehorsam gegenüber Gott...

Dann, vor 2000 Jahren ungefähr, lehnten sie sogar ihren eigenen Messias ab. Der Tempel wurde im Jahr 70 n. Chr. durch Titus zerstört und die Juden wurden als Gefangene aus Israel verschleppt. Das sind historische Tatsachen, die Gottes Wort als Wahrheit bestätigen. Gott hat vorausgesagt, dass dies Israel zustoßen wird, wenn es sich von ihm abwendet.

Dieses Prinzip sollten wir nicht nur für Israel erkennen, sondern auch für uns persönlich. Es sollte uns alle zu Gottesfurcht leiten, denn es betrifft uns alle. Wir müssen Gott ernst nehmen in dem, was er zu uns sagt. Wenn er unser Leben anspricht, dass wir heilig leben und ihm unsere ganze Hingabe schenken sollen, dann sollten wir ihn ernst nehmen. »Gehorcht Gott, weil ihr seine Kinder seid. Fallt nicht in eure alten, schlechten Gewohnheiten zurück. Damals wusstet ihr es nicht besser. Aber jetzt sollt ihr in allem, was ihr tut, heilig sein, genauso wie Gott, der euch berufen hat, heilig ist. Denn er hat selbst gesagt: ›Ihr sollt heilig sein, weil ich heilig bin!‹« (1. Petrus 1,14-16). Wir haben einen ebenso heiligen wie barmherzigen und liebenden Gott. Er erwartet von uns, dass wir als sein Volk in seiner Gerechtigkeit leben.

Trotz allem, und obwohl Israel gesündigt hat und in Rebellion gegen Gott gefallen ist, ihm untreu war und heute noch ist, hat Gott der Welt durch Israel seine Verheißung erfüllt, indem er den Erlöser für die ganze Welt aus diesem Volk kommen ließ. Als Gott Israel dafür auserwählte, wusste er, dass sie alles andere als perfekt waren. Er wusste auch, dass das, was er von ihnen verlangt hatte, unmöglich für sie war. Er gebrauchte ihren Fall und ihre Schwachheit. Er gebrauchte sogar ihre Rebellion für seinen Heilsplan (s. Römer 11). Das zeigt uns, was für einem wunderbaren Gott wir dienen.

Kurz zurück zur persönlichen Bedeutung dieses Prinzips. Egal, wie sehr Sie Gott enttäuscht haben, egal, wie Sie von Zeit zu Zeit aus dem Rennen gekommen sind, egal, was für Hindernisse Sie vom Weg abgebracht und zur Sünde verführt haben – dieser

Gott liebt Sie und bleibt Ihnen treu! Er wird Sie immer wieder aufheben, wenn Sie sich zu ihm wenden und Buße tun. Er wird Sie wieder auf die Beine stellen. Wir können das Handeln Gottes mit Israel mit unserem persönlichen Glaubensleben vergleichen und in Anspruch nehmen.

Gott wird zu seinem Ziel mit Ihrem Leben kommen, wie er auch mit Israel und der Welt zu seinem Ziel kommen wird. Wir sind nur schwaches Fleisch und Blut, aber erlöst durch seine Gnade. Trotz unserer Schwachheit wird Gott etwas Wunderbares in unserem Leben vollenden. So sehr, bis wir fähig sind, laut Römer 10,19 »sein Volk zur Eifersucht zu reizen«.

Die Bibel spricht jedoch nicht nur von Besitzrecht, sondern auch von einem Wohnrecht in Israel. »Befolgt deshalb alle Gebote, die ich euch heute gebe. Dann seid ihr stark genug, um in das Land hinüberzugehen und es zu erobern. Und ihr werdet lange in dem Land leben, von dem der Herr euren Vorfahren mit einem Eid versprochen hat, es ihnen und ihren Nachkommen zu geben.« (5. Mose 11,8-9).

Die Münze hat zwei Seiten: Die eine Seite lautet, dass Israels Eigentumsrecht eindeutig in der Bibel begründet ist, und die andere Seite lautet, dass ihr Recht, dort zu leben, von ihrem geistlichen Zustand abhängt. Der biblische Zionismus ist auf diesen Bund Gottes und seine vielen Verheißungen gegründet.

Der Glaube an die Bundestreue Gottes und dass er seine Verheißungen hält, ist das Fundament für unsere Freundschaft und Solidarität zu Israel. Deshalb glaube ich, dass sich heute eine immer enger vernetzte strategische Allianz zwischen den wahren israelfreundlichen Christen weltweit und dem modernen Staat Israel bildet. »In den letzten Tagen wird der Berg, auf dem das Haus des Herrn steht, zum wichtigsten Gipfel werden und sich über alle anderen Berge erheben. Alle Völker werden zu ihm strömen. Scharenweise werden sie herbeikommen und sagen: ›Kommt, wir wollen auf den Berg des Herrn, zum Haus des Gottes Israels, gehen. Dort wird er uns seine Wege lehren, damit wir auf seinen Pfaden gehen.‹ Denn dann wird die Lehre des Herrn von Zion ausgehen und sein Wort von Jerusalem. Der Herr wird zwischen den Nationen richten und unter vielen Völkern Recht sprechen.« (Jesaja 2,2-4).

So wie die Feindschaft in der Welt gegen Israel mit großen Schritten zunimmt, nimmt auch die Liebe zu Israel bei den wahren Christen zu. Die Grauzonen in der Mitte verschwinden immer mehr, und so teilt sich die Meinung der Mensch- und Christenheit entweder für oder gegen Israel. Ich hoffe, Sie haben die richtige Seite gewählt!

Mein Freund und treuer Begleiter auf meinen Vortragsreisen in Deutschland, Christian Stephan, sagt oft: »Ich verstehe nicht immer alles, was Israel tut, aber ich liebe Israel, weil ich das lieben möchte, was auch Jesus liebt!«

Gott der Herr hat uns bereits geliebt, als wir ihm gegenüber noch ungehorsam waren. Oder hat der Herr uns erst dann angefangen zu lieben, als wir unser Leben Jesus übergaben? So sollten wir lernen, auch Israel zu lieben, nicht weil sie es verdient haben, sondern auch wenn sie heutzutage Gott gegenüber noch ungehorsam sind. Gott hat dieses Volk lieb und »Ich möchte das lieben, was Gott liebt!« Mit dieser kurzen Begründung können wir allen Israelkritikern um uns herum klarmachen, weshalb wir für Israel sind, ohne politische Erklärungen.

30. Anti-Israelismus und die Endzeit

Die Wirtschaftskrise, die atomare Aufrüstung in der ganzen Welt, die ständigen Drohungen, Israel von der Landkarte verschwinden zu lassen, und der wachsende Anti-Israelismus, in welchem ich eine Art modernen Antisemitismus sehe, verunsichern unsere Gesellschaft. Besonders der immer schneller wachsende Anti-Israelismus deutet auf die Endzeit hin. Verbale und physische Angriffe auf

Juden in Europa, Beschuss von Israelis in Dänemark, mehr als 100 antisemitische Angriffe jeden Monat in Frankreich, gewalttätige Demonstrationen gegen israelische Sportdelegationen in Schweden, Synagogen- und Friedhofsbeschädigungen in Ungarn...

Als ich letztes Jahr mit meinem arabischen Freund, der heute auch ein wiedergeborener Christ ist, auf einer kurzen Vortragsreise in Deutschland war, erlebten wir, wie sehr dieser Anti-Israelismus ein geistlicher Konflikt ist.

Wir standen nebeneinander in einem Kaufhaus und warteten auf den Aufzug. Ich entschuldigte mich kurz und verschwand für zehn Minuten. In der Zwischenzeit kam er mit einem fremden türkischen Moslem, der neben ihm stand, in ein freundliches Gespräch auf Arabisch. Sie unterhielten sich über alles Mögliche wie Herkunftsland, Familie und deutsche Autos. Als ich dann zurückkam und mich neben meinen arabischen Freund stellte, starrte der Moslem auf die kleine Anstecknadel mit der Israelfahne, die an meinem Sakko heftete. Dann schaute er ihn an und fragte auf Arabisch, ob ich sein Freund wäre. Als er mit einem Ja antwortete, verschwand sofort sein freundliches Gesicht und er trat einen Meter zur Seite. Dann kam auch schon der Fahrstuhl und er dachte, jetzt sei er uns los, aber da standen wir wieder gemeinsam in dem kleinen Käfig. Der Moslem schaute mich mit einem hasserfüllten Blick an, als würde er mich am liebsten erwürgen. Er wollte mit meinem Freund auch kein weiteres Wort mehr wechseln. Nur wegen dieser kleinen Anstecknadel an meinem Sakkokragen, auf der ein Davidstern in der israelischen Flagge zu sehen ist.

Ich hatte diesem türkischen Muslim weder etwas angetan noch etwas Negatives gesagt, was ihn hätte gegen uns aufbringen können. Aber irgend etwas beunruhigte seinen Geist so sehr, dass er uns beide zu hassen anfing. Wieder einmal wurde uns bewusst, dass es hier nicht gegen uns als Personen ging, sondern gegen die Existenz Israels. Die Israelfahne, welche die Tatsache der Wiederherstellung Israels darstellt und damit auch Gottes Treue zu seinem Heilsplan für sein Volk und die ganze Welt, war der Auslöser für die Feindseligkeit. Der Teufel weiß genau, dass nach der Wiederherstellung Israels Jesus wiederkommen wird, und deswegen verführt er die Welt gegen Israel und versucht auf jede erdenkliche Weise – auch durch den radikalen Islam – Israel zu vernichten. Anders kann ich den Hass dieses Türken in Deutschland gegen Israel nicht erklären. Vermutlich war er nie in Israel gewesen. Vermutlich hatte ihm kein Jude je etwas angetan. Nur, weil ich eine Stecknadel mit der israelischen Nationalfahne trug, kam ein unerklärlicher Hass in ihm hoch. »Denn wir kämpfen nicht gegen Menschen aus Fleisch und Blut, sondern gegen die bösen Mächte und Gewalten der unsichtbaren Welt, gegen jene Mächte der Finsternis, die diese Welt beherrschen, und gegen die bösen Geister in der Himmelswelt.« (Epheser 6,12).

Die oben genannten antiisraelischen Attacken sind nur ein winzig kleiner Ausschnitt aus dem gesamten Geschehen gegen die jüdische Gemeinschaft in der Welt. Auf der Webseite des israelischen Außenministeriums findet man eine Liste von Ländern, in die zu reisen für Israelis nicht mehr sicher ist. Und wenn man es doch wagt, gibt die Webseite genauste Anweisungen, wie man sich verhalten soll, um nicht als Israeli bzw. Jude erkannt zu werden. Nicht nur Israel ist nicht mehr sicher für die Juden wegen der vielen terroristischen Angriffe. Sie fühlen sich auf dieser Welt nicht mehr sicher!

Einmal war ich auf einer Israel-Vortragsreise in Dänemark. Die Kirche war bis zur Empore gefüllt und die Botschaft traf auf willige Ohren und Herzen, mehr über das Land und das Volk Gottes zu erfahren. Nach dem Vortrag ging ich im nächstliegenden Restaurant noch etwas essen. Es war schon sehr spät, aber mein Hunger ließ mir keine Ruhe. Alle Tische im Restaurant waren besetzt. So setzte ich mich an die Theke und bestellte ein kräftiges Nachtessen und ein kleines Bier. Es dauerte nicht lange, bis der junge Mann neben mir mich fragte, woher ich komme. Als er hörte, dass ich aus Israel bin, fragte er mich, weshalb wir diese Apartheid-Mauer bauen. Ich wusste, was er meinte, aber weil es für uns Israelis keine solche Mauer ist, sondern mehr ein Sicherheitszaun vor den vielen Selbstmordanschlägen, fragte ich ihn erst einmal, welche Mauer er meinte? Dann erklärte ich ihm, dass von diesem Sicherheitszaun nur fünf Prozent Mauer sind und der Rest ein Zaun ist, der schon vielen Israelis das Leben gerettet hat. Das erschwert Terroristen mit Sprengstoff den Zugang zu den israelischen Bussen und Supermärkten. Das interessierte ihn anscheinend gar nicht, weil er mir immer nur das Leid der Palästinenser vorhielt. Dann fing er an, mit schmutzigen Worten gegen die Israelis zu reden. »Hiermit ist dann unser Gespräch beendet!«, sagte ich ihm auf Englisch. Nein, sagte er, »bis ihr nicht die Palästinenser in Ruhe lasst, ist nichts beendet!« Er wurde auf einmal ganz ärgerlich und schubste mich beiseite. Dann sauste plötzlich seine Faust auf mein Gesicht zu, aber ich konnte noch schnell genug reagieren. Ich hielt ihm die Faust fest und bog ihm den Arm auf den Rücken, bis der Kellner kam und ihn hinausbeförderte.

Ich aß noch auf und ging dann traurig ins Hotel zurück. Dort konnte ich nur noch für diesen jungen Dänen beten, der sicher nie in Israel gewesen war, aber doch solch einen Hass in sich trug. Er kannte die Israelis und Palästinenser möglicherweise nur aus den Medien, und das Ergebnis war dieser Hass gegenüber uns Israelis.

Die Medien sind die Meinungsbilder unserer heutigen Zeit und vielleicht auch die »Irrlehrer« aus Matthäus 24, die in den Endzeiten die Menschen verführen werden. Aber Gottes Gedanken über Israel sind Gedanken des Friedens und nicht des Leides, ihnen eine Zukunft und eine Hoffnung zu geben (s. Jeremia 29,11). Der Herr hat seine Einstellung gegenüber seinem Volk nie verändert.

Eines Tages wird Israel wieder zu Gott umkehren. »Wenn ihr dann zu mir rufen werdet, will ich euch antworten; wenn ihr zu mir betet, will ich euch erhören. Wenn ihr mich sucht, werdet ihr mich finden; ja, wenn ihr ernsthaft, mit ganzem Herzen nach mir verlangt, werde ich mich von euch finden lassen.« (Jeremia 29,12-14). Ja, so sieht Israels Zukunft aus, auch wenn das momentane Bild eher das Gegenteil vermuten lässt.

Wenn wir uns mehr mit den Medien als mit der Bibel beschäftigen, brauchen wir uns nicht zu wundern, dass wir in Unsicherheit wegen Israels Zukunft geraten. Die militärische Aufrüstung der arabischen Nachbarstaaten, die vielen Raketen, die nur zum Teil von Israels Armee abgefangen werden, die Atomgefahr aus dem Iran, der wachsende Anti-Israelismus, Boykott von israelischen Produkten, Verurteilungen gegen Israel vom UNO-Sicherheitsrat und vieles andere. Wenn ich nicht an Gott und seine Verheißungen glauben würde, dann würde ich wie mein bester Freund auch nach Australien auswandern. Warum hat er sich von allen Nationen ausgerechnet Australien ausgesucht? Weil es nur von Meeren und nicht von Feinden umgeben ist. Ich nehme es ihm nicht übel, denn er glaubt nicht an Gott und seine Verheißungen für Israel.

So meinen viele Menschen, dass Israel keine Überlebenschancen hat, aber genau darin wird Gott sich als Herr der Heerscharen beweisen.

»Deshalb sag zum Volk der Israeliten: ›So spricht Gott, der Herr: Ich mache das nicht euretwegen, Volk der Israeliten, sondern für meinen heiligen Namen, den ihr bei den Völkern, zu denen ihr gekommen seid, entweiht habt. So werde ich meinem großen Namen, den ihr bei den Völkern entweiht habt, seine Heiligkeit zurückgeben. Und wenn ich vor ihren Augen meine Heiligkeit an euch offenbare, spricht Gott, der Herr, dann werden die Völker erkennen, dass ich der Herr bin. Denn ich hole euch aus den Völkern

*und sammle euch aus allen Ländern und bringe euch in
euer Land zurück. Dann gieße ich reines Wasser über euch
aus, und ihr werdet rein sein. Von allen euren Unreinheiten
und von allen euren Götzen werde ich euch reinigen. Und
ich werde euch ein neues Herz geben und euch einen
neuen Geist schenken. Ich werde das Herz aus Stein aus
eurem Körper nehmen und euch ein Herz aus Fleisch geben.
Und ich werde euch meinen Geist geben, damit ihr nach
meinem Gesetz lebt und meine Gebote bewahrt und euch
danach richtet. Und ihr sollt in dem Land leben, das ich
euren Vorfahren gegeben habe. Ihr werdet mein Volk sein,
und ich will euer Gott sein.‹« (Hesekiel 36,22-28)*

31. Jesus – Anfang und Vollendung

Die Wiederkunft von Jesus ist eines der aufregendsten Themen im Christentum. Wann wird Jesus wiederkommen? Obwohl dieses Geheimnis nur der Vater im Himmel kennt, recherchieren viele Christen trotzdem herum und meinen, sie könnten es herausfinden. In Wirklichkeit kennt allein der Vater im Himmel den genauen Zeitpunkt. »Niemand kennt den Tag oder die Stunde, in der diese Dinge geschehen werden, nicht einmal die Engel im Himmel, und auch nicht der Sohn. Nur der Vater weiß es.« (Matthäus 24,36).

Trotzdem nennt uns Jesus einige Zeichen der Endzeit, und somit lässt sich die folgende Aussage von Paulus auch besser erklären: »Denn ihr wisst ja selbst genau, dass der Tag des Herrn unerwartet kommen wird wie ein Dieb in der Nacht. Wenn die Menschen sagen: ›Überall herrschen Frieden und Sicherheit‹, dann wird die Katastrophe so plötzlich über sie hereinbrechen, wie eine Frau vor der Geburt ihres Kindes von den Wehen überwältigt wird. Und dann wird es kein Entkommen geben. Aber ihr, liebe Brüder, lebt nicht in der Finsternis und werdet nicht überrascht sein, wenn der Tag des Herrn kommt wie ein Dieb. Denn ihr seid alle Kinder des Lichts und des Tages.« (1. Thessalonicher 5,2-5). Hiermit widerspricht Paulus nicht den Worten des Herrn Jesus, sondern er sagt, dass es in Bezug auf die Rückkehr unseres Herrn einen Unterschied zwischen den Ungläubigen und den Nachfolgern Jesu gibt. Für die einen wird die Wiederkunft von Jesus eine Überraschung »wie ein Dieb in der Nacht« sein, nicht aber für die »Kinder des Tages«. Obwohl wir nicht den Zeitpunkt wissen können, werden wir einmal an den Zeichen der Endzeit (vgl. Matthäus 24) erkennen, wann ungefähr und in welcher Zeitperiode Jesus wiederkommen wird. Das ist der Vorteil der Kinder des Tages.

»Lernt vom Feigenbaum: Wenn seine Knospen weich werden und die Blätter zu sprießen beginnen, wisst ihr, dass der Sommer kommt, ohne dass es euch jemand sagt. Wenn ihr also seht, wie alle diese Dinge passieren, dann wisst ihr, dass die Wiederkunft des Menschensohnes vor der Tür steht.« (Matthäus 24,32-33).

Paulus verrät den Kolossern einen ganz wichtigen Schlüssel, der uns Hinweise auf die Wiederkunft von Jesus geben kann. »Lasst euch deshalb von niemandem verurteilen, nur weil ihr bestimmte Dinge esst oder trinkt oder weil ihr bestimmte Feiertage, religiöse Feste oder Sabbate haltet oder nicht haltet. Denn diese sind nur ein Schatten des Zukünftigen. Die Wirklichkeit aber ist Christus selbst.« (Kolosser 2,16-17). Wenn wir die jüdischen Feiertage nicht nur als jüdische Tradition betrachten, sondern als Vorschattung von Dingen, die sich eines Tages durch Jesus Christus erfüllen werden, dann können wir an ihnen etwas über die baldige Rückkehr von Jesus lernen. Diese jüdischen Feiertage fanden und finden durch Jesus ihre Erfüllung. Wenn wir kurz die drei wichtigsten jüdischen Wallfahrtsfeste (Pessach, Schawuot und das Laubhüttenfest) betrachten, dann stellen wir fest, dass sich die beiden ersten bereits erfüllt haben.

Am Pessachfest feiern die Juden die Befreiung von der Sklaverei in Ägypten. Es ist eine Vorausschau auf die Befreiung von der versklavenden Sünde in der Welt. Diese Befreiung wurde den Kindern Israel in Ägypten nur möglich durch das Vorbeigehen (auf Hebräisch »Pessach«) des Herrn an ihren Haustüren. In jener Nacht wurden die Kinder Israel verschont, weil sie das Blut von einem unbefleckten Lamm, das am Vorabend geopfert worden war, an ihren Türpfosten hatten.

Mit dem Opfer von Jesus am Kreuz von Golgatha und durch das Blut, das er für uns vergossen hat, haben wir die Vergebung der Sünden und das ewige Leben erhalten, und somit geht der Tod auch an uns vorbei. Dieses Fest war bis zu dem Tag der Kreuzigung noch ein Schatten, hat sich nun aber vor 2 000 Jahren durch »Jesus Christus als Wesen dieses Schattens« erfüllt.

Danach feiern wir in Israel das Schawuotfest, auch Pfingstfest genannt. An diesem Fest feiern die Juden jedes Jahr das besondere Ereignis vom Berg Sinai, den Empfang der Zehn Gebote. Als sie dort alle am Fuße des Berges versammelt waren, erhielten sie von Gott selbst die Zehn Gebote und Gott schloss einen Bund mit ihnen. »Als nun der Herr auf den Gipfel des Berges Sinai hinabgekommen war, rief er Mose zu sich. Und Mose stieg auf den Berg.« (2. Mose 19,20). Nicht alle Tage kommt der Herr herab und schließt einen Bund mit uns Menschen. Das war einer der gewaltigsten Momente für die Kinder Israel, als Himmel und Erde in Berührung kamen. Deswegen hat Gott ein Fest daraus gemacht, das bis zum heutigen Tag jährlich gefeiert wird.

Dieses Fest hat sich mit der Ausgießung des Heiligen Geistes auf die versammelten Apostel in Jerusalem am Schawuotfest nach der Himmelfahrt von Jesus erfüllt. »Am Pfingsttag waren alle versammelt. Plötzlich ertönte vom Himmel ein Brausen wie das Rauschen eines mächtigen Sturms und erfüllte das Haus, in dem sie versammelt waren. Dann erschien etwas, das aussah wie Flammen, die sich zerteilten, wie Feuerzungen, die sich auf jeden Einzelnen von ihnen niederließen. Und alle Anwesenden wurden vom Heiligen

Geist erfüllt und fingen an, in anderen Sprachen zu sprechen, wie der Heilige Geist es ihnen eingab.« (Apostelgeschichte 2,1-4).

Gott hat viele Jahre voraus durch seinen Propheten Jeremia angekündigt, dass er mit ihnen einen neuen Bund schließen würde, nicht wie beim Bund vom Berg Sinai, sondern er würde mit seinem Geist in ihnen wohnen. Er würde durch seinen Heiligen Geist herabkommen und seine Gebote und Weisungen in ihre Herzen schreiben. »›Es wird der Tag kommen‹, spricht der Herr, ›an dem ich einen neuen Bund mit dem Volk Israel und mit dem Volk Juda schließen werde. Dieser Bund wird nicht so sein wie der, den ich mit ihren Vorfahren schloss, als ich sie an der Hand nahm und aus Ägypten herausführte. Sie sind meinem Bund nicht treu geblieben, deshalb habe ich mich von ihnen abgewandt‹, spricht der Herr. ›Doch dies ist der neue Bund, den ich an jenem Tage mit dem Volk Israel schließen werde‹, spricht der Herr. ›Ich werde ihr Denken mit meinem Gesetz füllen, und ich werde es in ihr Herz schreiben. Und ich werde ihr Gott sein und sie werden mein Volk sein.‹« (Jeremia 31,31-33). Das hat sich an Pfingsten erfüllt, als die Apostel den Heiligen Geist empfingen. Dieses besondere Ereignis am Berg Sinai war mit Donner, Blitzen, Wind und Feuer begleitet, ähnlich wie das Brausen des Windes und die Feuerzungen bei Pfingsten in Jerusalem.

Wenn wir in der Kreuzigung Jesu die Erfüllung des Passahfestes verstehen und in der Ausgießung des Heiligen Geistes an Pfingsten die Erfüllung des Schawuotfestes, dann haben sich bereits zwei Wallfahrtsfeste durch Jesus erfüllt.

Das dritte und letzte in der Reihenfolge der Wallfahrtsfeste ist das Laubhüttenfest, welches bis heute noch nicht erfüllt wurde. Das bestätigt sogar Jesus selbst. »Geht ihr nur hinauf zum Fest. Ich bin noch nicht so weit, zu diesem Fest zu gehen, weil meine Zeit noch nicht gekommen ist.« (Johannes 7,8). Es muss sich also noch etwas an einem zukünftigen Laubhüttenfest erfüllen, sagt Jesus. Und wenn die heutige traditionelle jüdische Feier des Laubhüttenfestes nur ein Schatten von dem ist, was noch kommen wird, dann können wir annehmen, dass wir daraus etwas über das zukünftige Geschehen lernen. Was wird das wohl sein?

An diesem Fest baut sich jede jüdische Familie in Israel eine Laubhütte in ihrem Garten oder auf dem Balkon, oder auf dem Bürgersteig, wenn kein Garten und Balkon vorhanden sind. Sieben Tage sollen die Kinder Israel darin wohnen, heißt es. Es ist ein Erlebnis, einmal während dieses Festes Israel zu besuchen. Wenn man abends durch die Straßen läuft, sind überall diese dann von innen beleuchteten Hütten zu sehen, aus denen heraus Festlieder zur Ehre Gottes erklingen. Diese einfachen Hütten sollen das Volk Israel an den Auszug aus Ägypten erinnern, als es auch in solchen zeitlichen Hütten wohnte. Oben wird die Laubhütte mit Palmzweigen zugedeckt, aber sie werden nicht zu dicht nebeneinandergelegt, damit man noch die Sterne und den Himmel sehen kann. Als die Kinder Israel in der Wüste waren, mussten sie auch die Möglichkeit haben, durch das Dach zu schauen, damit sie die Wolke oder Feuersäule nicht verpassten, wenn sie sich erhob. Diese Hütten erinnern uns auch daran, dass wir nur zeitlich und vorübergehend hier auf dieser Welt sind, auf dem Weg in das Reich Gottes. Die Kinder Israel wanderten damals vierzig Jahre durch die Wüste, wo Gott sie für den Einzug in das Gelobte Land vorbereitete, welches in diesem Fall auch ein Vorzeichen auf das ewige Reich Gottes darstellen sollte.

Das Laubhüttenfest ist das einzige jüdische Fest, an dem in den Synagogen für alle Nationen gebetet wird. Man hält vier Früchte und Pflanzen (Zitrusfrucht, Bachweide, Palmzweig und Myrte) in der Hand, wedelt sie in alle Himmelsrichtungen und spricht einen Segen über die Nationen aus. Es gilt im Judentum und in der Bibel als ein internationales Fest, denn es werden einmal alle Nationen jährlich nach Jerusalem kommen, um Gott anzubeten und mit Israel dieses Fest zu feiern (s. Sacharja 14,16). Deswegen ruft die Christliche Botschaft in Jerusalem (ICEJ) schon seit ihrer

Gründung 1980 jedes Jahr weltweit dazu auf, nach Jerusalem zu kommen und das Laubhüttenfest mit Israel zu feiern. Dadurch versucht sie, unter anderem die Christen auf der ganzen Welt auf die Prophetie von Sacharja aufmerksam zu machen.

Dies ist auch das einzige Fest, an dem uns von Gott befohlen wird, sich zu freuen. »Bei diesem Fest sollt ihr fröhlich sein zusammen mit euren Söhnen und Töchtern, euren Sklaven und Sklavinnen, den Leviten, den Ausländern sowie den Witwen und Waisen, die in euren Städten wohnen. Feiert dieses Fest sieben Tage lang zu Ehren des Herrn, eures Gottes, an dem Ort, den er bestimmt. Denn der Herr, euer Gott, schenkt euch reiche Ernten und segnet all eure Arbeit. Es soll ein reines Freudenfest sein!« (5. Mose 16,14-15). Das weist auf ein zukünftiges freudiges Ereignis hin. Weil an diesem Fest die letzte Ernte vom Jahr eingesammelt wird, ist darin wiederum ein weiterer Hinweis auf die Zukunft zu finden, nämlich auf die zukünftige geistliche Ernte, bei der Jesus seine bekehrten Jünger zu sich sammeln wird.

So feiert das Volk Israel bis zum heutigen Tag diese von Gott gegebenen Vorschriften, damit wir an diesen Vorschattungen erkennen, was noch kommen wird.

Es könnte doch gut sein, dass Jesus kurz vor dem Laubhüttenfest wiederkommt, weil dieses Fest auf eine große Freude hinweist und sich die Kinder Gottes aus allen Nationen in Jerusalem zu einer großen Feier versammeln werden. Was kann der Grund für diese Versammlung und Freude sein, wenn nicht die Wiederkunft von Jesus? Eine riesige Lobpreisversammlung zur Ehre des Herrn!

Wenn das wirklich so sein sollte, könnte es dann nicht auch sein, dass Jesus an einem Yom Kippur (Versöhnungstag) zurückkommt, der nur sechs Tage vorher gefeiert wird?

Die beiden Feste Passah und Schawuot waren nicht nur ein Symbol für die Erfüllung der Vorschattung zukünftiger Dinge, sondern die Erfüllung geschah auch genau an den passenden Feiertagen. So können wir mit gutem Grund vermuten, dass die Erfüllung der noch ausstehenden Feste ebenfalls an den eigentlichen Feiertagen stattfindet.

Yom Kippur ist ein Fasten- und Bettag, der letzte von zehn vorausgehenden Bußtagen. An diesem Tag hat man noch die letzte Gelegenheit, Buße zu tun, um ins Buch des Lebens geschrieben zu werden. Das letzte Gebet in den Synagogen heißt »Ne'ila«-Gebet (Abschlussgebet). »Ne'ila« bedeutet zuschließen oder verriegeln; damit werden die Tore des Himmels wieder geschlossen. Es ist ähnlich wie bei dem Tor der Arche Noah: Nach seiner Verriegelung war es nicht mehr möglich hineinzugehen. Es ist eindrucksvoll, die letzten Stunden und Minuten vor Ende des Yom Kippur in den Synagogen mitzuerleben. Auf einmal rennen die Menschen aus allen Richtungen noch schnell in die Synagoge hinein, damit sie ja nicht das Abschlussgebet und damit die »Verriegelung der Himmelstore« verpassen. So wird es wahrscheinlich auch einmal bei der Wiederkunft von Jesus sein.

An jedem der zehn Bußtage bittet man Gott um Vergebung der Sünden. Diese Bußtage enden mit dem Yom-Kippur-Feiertag und beginnen mit dem Tag des Posaunenklanges (auch Rosch Haschana genannt). »Am ersten Tag des siebenten Monats sollt ihr einen Feiertag halten, einen Gedächtnistag unter Posaunenklang (Schofarklang), eine heilige Versammlung.« (3. Mose 23,24). Im Judentum wird dieser Tag als Neujahr (Rosch Haschana) gefeiert, obwohl der erste Monat im jüdischen Kalender der Monat Nisan ist. In allen Synagogen werden die Schofarhörner geblasen. Mit diesem »Gedächtnis an den Tag des Schofarklangs« will Gott unsere Aufmerksamkeit auf den großen Tag richten, an dem der Herr selbst mit einem lauten Befehl und unter dem Ruf des Erzengels und dem Schall der Posaune (in allen hebräischen Übersetzungen des NT steht »Schofar«) vom Himmel herabkommen wird (s. 1. Thessalonicher 4,16). Er möchte nicht, dass wir diesen Klang verpassen, und hat deswegen einen Feiertag zur Erinnerung angeordnet.

Wenn wir diese Feiertage auch als solch einen »Schatten« des Eigentlichen betrachten und die beiden ersten Feiertage (Pessach und Schawuot) sich schon durch Jesus erfüllt haben, dann werden sich auch diese erfüllen.

Nach dem Schawuotfest gibt es eine längere Pause im Jahr, bis zur nächsten Reihe von Festtagen. In der Herbstzeit beginnt wieder eine Reihe von Festen, erst das Fest des Gedächtnistags an den Schofarklang, die zehn Bußtage, Yom Kippur und das Laubhüttenfest als Abschlussfeier. Hier kam mir der Gedanke, dass – wenn sich die erste Gruppe von Festen schon durch Jesus erfüllt hat – sich auch die zweite Gruppe Festtage genauso durch Jesus erfüllen könnte und dass die dazwischenliegende längere Pause vielleicht auf die 2 000 Jahre bis in unser Zeitalter hinweist.

Wenn wir diese jüdischen Feiertagen auf die endzeitlichen Prophetien aus dem Neuen Testament hin verstehen, könnte es dann nicht so kommen, dass die Wiederkunft von Jesus und die Entrückung der Gläubigen mit dem Posaunenklang (Schofarklang) am Feiertag des Posaunenklanges angekündigt und stattfinden wird? Dann folgt die Entrückung der Gläubigen und auf der Welt bleiben nur Menschen zurück, die Jesus nicht als ihren Herrn und Retter angenommen hatten. Das wird viele Menschen in Angst und Schrecken versetzen und zur Buße führen. So bekämen sie von Gott noch zehn Bußtage, an denen sie ihr Leben vor Gott in Ordnung bringen könnten. Aber am zehnten Bußtag, der auf den Yom Kippur fällt, ginge die letzte Möglichkeit nach dem Abschlussgebet auch zu Ende (»Ne'ila«-Gebet auf Hebräisch, welches heute noch an diesem Tag in den Synagogen gebetet wird), womit die Tore des Himmels wieder geschlossen würden.

Wenn Jesus dann sein Reich auf Erden aufbauen wird, hätten die Gläubigen aus allen Nationen einen guten Grund, sich nach Jerusalem zum Laubhüttenfest zu versammeln und den Sieg mit und durch Jesus zu feiern. Von da an würden alle Nationen jährlich zum Laubhüttenfest hinauf nach Jerusalem ziehen (s. Sacharja 14,16).

Auf diese Weise lassen sich alle jüdischen Feiertage auf Jesus hin erklären und in zwei Gruppen aufteilen: die bereits erfüllten und diejenigen, deren messianische Erfüllung noch aussteht.

Darum ist es sehr aufschlussreich, einmal eine Reise nach Israel zu machen und sich über die jüdischen religiösen Bräuche aufklären zu lassen. Ich selbst als jemand, der diese jüdischen Feiertage schon viele Jahre mit der auf Jesus hinweisenden Bedeutung feiert, entdecke jedes Jahr neue Hinweise auf Jesus.

Ich schreibe diese Zeilen genau eine Woche vor dem Passahfest. Während dieser Woche wird in ganz Israel in allen jüdischen Häusern tüchtig geputzt, um jeden Krümel Sauerteig aus dem Haus zu entfernen; in und über allen Schränken und Regalen. »Sieben Tage lang sollt ihr nur ungesäuertes Brot essen. Am ersten Tag sollt ihr allen Sauerteig aus euren Häusern entfernen. Jeder, der in diesen sieben Tagen Brot isst, das mit Sauerteig gebacken wurde, soll aus der Gemeinschaft der Israeliten ausgestoßen werden und sterben.« (2. Mose 12,15).

Besonders für die Hausfrauen ist dies eine anstrengende Woche; die Männer stehen dabei meistens nur im Weg und dürfen höchstens die schweren Schränke und Gegenstände nach vorne rücken und wieder zurück. Kurz bevor das Fest beginnt, geht der Hausvater mit einer Kerze und einer Feder in der Hand durch alle Ecken im Haus, um zu kontrollieren, ob aller Sauerteig aus dem Haus entfernt ist.

Jetzt können wir uns fragen, warum Gott diese Passahgebote befohlen hat? Warum ist es ihm so wichtig, dass unsere Häuser bis auf die kleinste Ecke rein vom Sauerteig sind? Geht es Gott wirklich um die kleinen Krümel Brot in den Ecken? Nein, darum geht es Gott nicht, sondern es geht ihm um unsere Herzen. Wir sollen verstehen, wie genau er es nimmt, wenn er uns aufruft, unsere Herzen zu überprüfen. In diesem Fall ist der Sauerteig wiederum ein Schatten oder ein Bild für die Sünden in unseren Herzen, die sich oft in den dunklen Ecken verstecken. Das Volk Israel musste Jahr für Jahr vor dem Passahfest das Haus von allem Sauerteig reinigen, damit sie lernen, auf die gleiche Weise ihre Herzen und ihr Leben von allem Sauerteig und Unreinen zu säubern. »Darum fegt den alten Sauerteig aus, damit ihr ein neuer Teig seid, da ihr ja ungesäuert seid! Denn unser Passahlamm ist ja für uns geschlachtet worden: Christus. So wollen wir denn nicht mit altem Sauerteig Fest feiern, auch nicht mit Sauerteig der Bosheit und Schlechtigkeit, sondern mit ungesäuerten Broten der Lauterkeit und Wahrheit.« (1. Korinther 5,7-8).

An zwei Orten sammelt sich am meisten Dreck im Hause und im Herzen: An den Dingen, die wir am meisten gebrauchen, und da, wo wir immer ein Fenster nach draußen offen lassen. Dort pustet der Wind den Staub hinein. Wenn wir unser Herz an gewissen Orten für die Welt öffnen, dann finden die bösen Geister auch Eintritt in unser Herz. So können wir nur beten, »Erschaffe mir, o Gott, ein reines Herz, und gib mir von neuem einen festen Geist in meinem Innern!« (Psalm 51,12).

Die Wurzeln unseres Glaubens an Jesus Christus befinden sich im Judentum. Wenn wir uns im Judentum bzw. Alten Testament auskennen (ohne ins Gesetzliche zurückzufallen), dann bekommt unser christliches Leben eine viel tiefere Bedeutung. Durch das Judentum verstehen wir das Christentum und durch das Christentum bestätigt sich das Judentum.

Wie auch immer, es hilft uns alles nichts, genau zu wissen, wann, wo und wie Jesus wiederkommen wird, wenn wir nicht bereit sind. Deshalb, bevor wir uns zu viel mit den endzeitlichen Zeichen beschäftigen, sollten wir uns zuerst selbst fragen: Bin ich bereit?

Schlusswort

»Dann wird der Herr zum zweiten Mal die Hand erheben und den Rest seines Volkes freikaufen, der in Assyrien, Unterägypten, Oberägypten, Äthiopien, Elam in Persien, Babylonien und Hamat und in den fernsten Küstenstrichen übrig geblieben ist.« (Jesaja 11,11).

Als Jesaja diese Prophetie von Gott erhalten hatte, war Israel noch gar nicht zum ersten Mal aus dem Land zerstreut und wieder gesammelt worden. Als Jesus nach den Zeichen der Endzeit gefragt wurde, war eine seiner Antworten, wir sollten auf den Feigenbaum achten, der ein Symbol für Israel darstellt.

Israel ist wie ein Barometer der Menschheit. Es ist ein unaufhörlicher Zustand des Konfliktes, von innen und von außen. Dieser Zustand besteht nun schon so lange und Israels Wunsch nach Frieden ist so stark, dass sie bereit waren, große Gebiete von ihrem winzigen Land abzugeben, in der Hoffnung, Frieden zu erreichen.

Anstelle von Frieden jedoch wurde aus dem schon abgegebenen Land (Gazastreifen) eine Basis, um von dort aus Israel weiter anzugreifen. Der Friede Israels wird niemals durch Menschen entstehen, sondern nur durch Gott selbst.

Durch Verzicht auf das, was Gott zugewiesen hat, wird niemals Frieden kommen, vielmehr durch das Festhalten an dem, was er uns gegeben hat. Und es ist mehr als nur Frieden mit Menschen; das Erkennen seiner Verheißungen ist wertvoller als Leben. Es ist Zeit für Israel, seine Position im Ölbaum wieder einzunehmen. Es ist schon ein gewisser Anfang, zurück im Heimatland versammelt zu sein, aber es ist wichtiger, für Gott den Herrn versammelt zu sein.

Israel ist ein Beweis für Gottes Treue zu seinem Wort. In Jeremia 31 sagt der Herr, dass eher die Ordnung der Sonne, des Mondes und das Brausen des Meeres ein Ende haben wird, bevor der Same Israels aufhört, Gottes Volk zu sein. Viele meinen, dass sich das durch die Kirche erfüllt hat, das »Geistliche Israel«. Das trifft auch auf viele Christen zu, aber sie stehen nicht anstelle dem »Natürlichen Israel«. Der Herr erklärt diesen Punkt an mehreren Bibelstellen sehr deutlich, dass hiermit die physischen Nachkommen (Samen) Abrahams gemeint sind. »Doch sei nicht stolz darauf, dass du an Stelle der herausgebrochenen Zweige eingepfropft wurdest!« (Römer 11,18).

Die Botschaft von der Wiederversammlung Israels ist, dass Gott treu zu seinem Wort ist. Er bleibt treu, auch wenn wir untreu sind, und in seiner Treue wird er uns eine neue Chance geben. Im ganzen 11. Kapitel des Propheten Jesaja geht es um die Wiederherstellung der Welt zu dem Paradies, zu dem sie eigentlich geschaffen wurde, eine zweite Chance für die Welt. Die Wiederversammlung Israels jetzt zum »zweiten Mal« ist ein Zeichen dafür, dass diese Zeit nahe ist. Das Reich Gottes, für das die Kinder Gottes gebetet haben, seitdem Jesus auf der Welt war, ist nah herbeigekommen.

Jetzt ist die Zeit zur Wiederherstellung dessen, was verloren gegangen ist, für die vielen Versprechungen, und für die Abgefallenen, noch schnell zurückzukehren. Das beginnt mit Gebet, Fürbitte und auch mit Fasten. Als Daniel die Prophetie Jeremias las, dass Israel für siebzig Jahre aus dem Land zerstreut sein wird, da jubelte er nicht nur aus Freude, dass diese Jahre jetzt abgelaufen sind, sondern er fastete und betete, damit sich Gottes Wort erfüllt.

Warum brauchen die Verheißungen Gottes unsere Fürbittgebete, um in Erfüllung zu gehen? In Psalm 115,16 steht: »Der Himmel gehört dem Herrn, die Erde aber hat er den Menschen gegeben.« Der Herr hat den Menschen die Autorität über die Erde gegeben, deswegen wird er nichts auf der Erde geschehen lassen, wenn wir nicht darum bitten. Das ist der Grund, warum Jesus zum Menschen und zum Vermittler wurde, und darum bezog er immer den Begriff »Menschensohn« auf sich. Er war auch der Sohn Gottes, aber er kam hier auf die Erde, um das wiederherzustellen, was der Mensch verloren hat.

Wenn wir also wissen, dass die Zeit reif ist für die Erfüllung von Gottes Verheißungen, müssen wir den Himmel mit Gebeten und Fasten belagern, wir müssen Fürbitter werden in Einheit mit Jesus, welcher ewig lebt und vor Gott für uns eintreten wird (s. Hebräer 7,25). Er ist ein ewiger Priester nach der Ordnung von Melchisedek und wir sind Priester in demselben Orden. Darum ist einer der wichtigsten Aufträge seiner Leute die Wiederherstellung der Priesterschaft, zu der wir alle gerufen sind.

> *»Der Herr hat die Sonne an den Himmel gesetzt als Licht für den Tag. Er hat den Mond und die Sterne am Himmel in einer festen Ordnung festgesetzt als Lichter für die Nacht. Er wühlt das Meer auf, sodass die Wellen tosen. Sein Name lautet ›Herr, der Allmächtige‹, und er spricht: ›So gewiss diese festen Ordnungen in der Natur bestehen, genauso gewiss sorge ich dafür, dass die Nachkommen Israels für alle Zeit mein Volk sein werden.‹«*
> *(Jeremia 31,35-36)*

Familie Doron Schneider.

Anhang

1. Das ist eine sehr kleine Welle.
2. Ekkart Sauser: Spalten 964-966, In: Biographisch-Bibliographisches Kirchenlexikon, Verlag Traugott Bautz, Bd. XIV, 1998, http://www.bautz.de/bbkl/e/Euthymios.shtml.
3. Israel Business News, 11.01.2011, http://www.globes.co.il/serveen/globes/docview.asp?did=1000614740&fid=1725.
4. Ulrich W. Sahm: Der Erfinder des USB-Stick, http://dir.groups.yahoo.com/group/Honestly-Concerned-Mailingliste/message/2486.
5. Schlachter 2000.
6. Gebetsriemen für Kopf und Arm.
7. http://de.wikipedia.org/wiki/Ron_Arad_(Pilot).
8. Mosab Hassan Yousef/Ron Brackin: Sohn der Hamas, SCM Hänssler, Holzgerlingen 2010.
9. Das hebräische Wort »Aluf« kann man am besten als »Stammhäupter« übersetzen. S. Wilhelm Gesenius: Hebräisches und aramäisches Handwörterbuch über das Alte Testament, 16. Aufl. 1915.
10. Schlachter 2000.
11. Lesung aus den Propheten und Geschichtsbüchern der hebräischen Bibel.
12. B'Tselem »By Hook or By Crook«, geschrieben von dem Friedensaktivisten und Journalisten Eyal Hareuveni. http://www.richardsilverstein.com/tikun_olam/2010/07/04/btselem-one-fifth-of-west-bank-settlement-buildings-on-privately-owned-palestinian-land/.
13. Herb Keinon, Jerusalem Post, 8.2.2011, aus dem Englischen, »Jones: Israeli-Palestinian strife still core of ME ills«, http://www.jpost.com/MiddleEast/Article.aspx?id=207259.
14. Damien McElroy und Mark Weiss: »Israel rejects William Hague's ›belligerent‹ claim«, The Telegraph, 02 July 2011, http://www.telegraph.co.uk/news/worldnews/middleeast/israel/8314051/Israel-rejects-William-Hagues-belligerent-claim.html.
15. Schlachter 2000.
16. Dr. Gershon Nerel: From Death to Life: The Restoration of Jewish Yeshua-Believers in the Land of Israel, The First Decade in the State of Israel, Dissertation, Hebrew University, In: Fred Wright (Hg.): Israel: His People, His Land, His Story, Thankful Books, Eastbourne 2005, S. 168-188, s. http://www.yad8.com/b_v_articles_spanish.php.
17. Alle Verse aus Schlachter 2000.

Doron Schneider im Internet...

Besuchen Sie mich im Internet auf meiner Homepage unter www.AufderSeiteIsraels.de und erfahren Sie mehr über:

- Israel und das Leben in Israel,
- den Gott Israels,
- die hebräische Sprache
- und den berühmten israelischen Humor.

Ich besuche Sie auch gerne in Ihrer Gemeinde...

...oder besichtigen Sie meine Heimatstadt Ma'ale Adumim mit einer/Ihrer Reisegruppe in Israel. Ich führe Sie gerne durch diese blühende Wüstenstadt mit einer anschließenden Erfrischung bei mir zu Hause.

Mehr darüber finden Sie auf meiner Homepage.

Ihr Doron Schneider

Israel von A bis Z

Paperback, 13,5 x 20,5 cm, 352 Seiten
Nr. 394.515
ISBN 978-3-7751-4515-2

Reisen Sie nach Israel? Mit Informationen über Land und Leute gehört das Buch in Ihren Reisekoffer. Mit aktuellen Zahlen zu Geschichte, Politik, Wirtschaft und Kultur u. v. m. Vierfarbig, mehrere hundert Fotos. Das Standardwerk wurde vollständig überarbeitet.

Ludwig Schneider

120 Mal Israel
Antworten auf häufig gestellte Fragen

Taschenbuch, 12 x 19 cm, 160 Seiten
Nr. 395.297
ISBN 978-3-7751-5297-6

Israel ist wird heiß diskutiert. Dieses Buch bietet gut lesbar Antworten auf häufig gestellte Fragen, wie z.B.: Auf welchen Messias wartet Israel? Was macht ein Jude, der an Jesus glaubt? Israel oder Palästina? Erweiterte und überarbeitete Auflage des Klassikers.

Bitte fragen Sie in Ihrer Buchhandlung nach diesen Büchern!
Oder schreiben Sie an: SCM Hänssler, D-71087 Holzgerlingen;
E-Mail: info@scm-haenssler.de; Internet: www.scm-haenssler.de